Sklarczyk/Thumann/Ramsteiner
Formeln und Gesetzmäßigkeiten
Mathematik – Physik – Chemie

Sklarczyk / Thumann / Ramsteiner

Formeln und Gesetzmäßigkeiten

Mathematik – Physik – Chemie

Formelsammlung

© MICHAEL-VOLL-VERLAG
97253 Gaukönigshofen

1. Auflage 2007
Nachdruck 2012

Druck: Böhler Verlag GmbH, Würzburg
Umschlaggestaltung: Horst Seiler, Gaukönigshofen
Gedruckt auf chlorfrei gebleichtem Papier.
Dieses Werk ist urheberrechtlich geschützt. Jede Verwendung in anderen als den gesetzlich zugelassenen Fällen bedarf deshalb der vorherigen schriftlichen Einwilligung des Verlages.
ISBN 978-3-933624-08-6

Inhaltsverzeichnis Mathematik

Mathematische Zeichen und Schreibweisen 7

Algebra
1. Verknüpfung von Mengen 12
2. Zahlenbereiche 13
3. Grundrechenarten 14
4. Brüche 15
5. Potenzen 16
6. Wurzeln 17
7. Logarithmen 18
8. Äquivalenz von Termen 19
9. Inversionsgesetz 19
10. Verknüpfungen von Gleichungen und Ungleichungen 19
11. Quadratische Gleichungen 20
12. Lineare Gleichungssysteme mit zwei Variablen 22
13. Quadratische Gleichungssysteme mit zwei Variablen ... 24
14. Proportionalitäten 25
15. Prozent- und Zinsrechnung 25
16. Relationen 26
17. Funktionen 26
18. Umkehrrelationen und Umkehrfunktionen 26
19. Lineare Funktionen 27
20. Quadratische Funktionen 30
21. Potenzfunktionen 31
22. Exponentialfunktionen 33
23. Logarithmusfunktionen 33

Geometrie
1. Ortslinien 34
2. Winkel 35
3. Spezielle Ortslinien 36
4. Kreis 37
5. Dreiecke 39
6. Vierecke 43
7. Körper 46
8. Vektoren 48
9. Trigonometrie 53
10. Abbildungen 58

Daten und Zufall (Stochastik) 65

Anhang
Griechische Buchstaben 67
Zahlensysteme 67

Register 68

Mathematik

Zahlen, algebraische und logische Zeichen

a, b, x, y	Platzhalter, Variable
$\lvert a \rvert$	(absoluter) Betrag von a
$a + b$	Addition von a und b
$a - b$	Subtraktion
$a \cdot b$	Multiplikation
$a : b$	Division
$\dfrac{a}{b}$	Bruch mit dem Zähler a und dem Nenner b
$5 \mid 10$	5 teilt 10
$3 \nmid 10$	3 teilt nicht 10
$\%$	Prozent; von Hundert
$\sqrt{a}$	Quadratwurzel aus a
$\sqrt[n]{a}$	n-te Wurzel aus a
a^n	Potenz; „a hoch n"
$\log_a x$	Logarithmus von x zur Basis a
$\lg x$	dekadischer Logarithmus von x
$a = b$	a gleich b
$a \neq b$	a nicht gleich b
$a \approx b$	a ungefähr gleich b
$a > b$	a größer als b
$a \geq b$	a größer oder gleich b
$a < b$	a kleiner als b
$a \leq b$	a kleiner oder gleich b
$a \sim b$	a direkt proportional zu b
$a \sim \dfrac{1}{b}$	a indirekt proportional zu b
$a \triangleq b$	a entspricht b
$A \wedge B$	Es gelten die Aussagen A und zugleich B.
$A \vee B$	Es gilt die Aussage A oder B oder es gelten beide.
$A \Rightarrow B$	Aus der Aussage A folgt die Aussage B (Wenn A gilt, dann gilt auch B; A impliziert B).
$A \Leftrightarrow B$	Äquivalente Aussagen (Aussage A ist gleichwertig mit Aussage B; A genau dann, wenn B)

Zahlen, Mengen und Terme

$\emptyset$	Leere Menge
$\mathbb{N}$	Menge der natürlichen Zahlen
$\mathbb{N}_0$	Menge der natürlichen Zahlen einschließlich Null
$\mathbb{Z}$	Menge der ganzen Zahlen
$\mathbb{Q}$	Menge der rationalen Zahlen
$\mathbb{R}$	Menge der reellen Zahlen
$\mathbb{Q}^+$ ($\mathbb{R}^+$)	Menge der positiven rationalen (reellen) Zahlen
$\mathbb{Q}_0^+$ ($\mathbb{R}_0^+$)	Menge der positiven rationalen (reellen) Zahlen einschließlich Null
$\mathbb{Q}^-$ ($\mathbb{R}^-$)	Menge der negativen rationalen (reellen) Zahlen
$\mathbb{T}_n$	Menge der Teiler einer natürlichen Zahl n
	Beispiel: n = 6; $\mathbb{T}_6 = \{1; 2; 3; 6\}$
$\mathbb{V}_n$	Menge der Vielfachen einer natürlichen Zahl n
	Beispiel: n = 3; $\mathbb{V}_3 = \{3; 6; 9; \ldots\}$
$\mathbb{V}_2$	Menge der geraden Zahlen $\mathbb{V}_2 = \{2; 4; 6; \ldots\}$
$\mathbb{U}$	Menge der ungeraden Zahlen $\mathbb{U} = \{1; 3; 5; \ldots\}$
$\mathbb{P}$	Menge der Primzahlen
T, T_1, T(x)	Terme (mit der Variablen x)
$M_1 \times M_2$	Produktmenge: „M_1 Kreuz M_2"; Menge aller geordneten Paare (x|y) mit $x \in M_1$ und $y \in M_2$
(3|4)	geordnetes Zahlenpaar
$\mathbb{G}$	Grundmenge z. B. $\mathbb{G} = M_1 \times M_2$
$\mathbb{D}$	Definitionsmenge z. B. $\mathbb{D} \subseteq M_1$
$\mathbb{W}$	Wertemenge z. B. $\mathbb{W} \subseteq M_2$
$\mathbb{L}$	Lösungsmenge
\{a; b; c\}	Menge mit den Elementen a, b und c (aufzählende Form)
\{x|\ldots\}	Menge aller Elemente x (aus der vereinbarten Grundmenge), für die gilt: … (beschreibende Form)
$[a; b] = \{x \mid a \leq x \leq b\}$	abgeschlossenes Intervall von a bis b
$[a; b[= \{x \mid a \leq x < b\}$	rechtsoffenes Intervall von a bis b

$]a;b] = \{x \mid a < x \leq b\}$	linksoffenes Intervall von a bis b
$]a;b[= \{x \mid a < x < b\}$	(beidseitig) offenes Intervall von a bis b
$R = \{(x \mid y) \mid A\}$	Relation: Menge aller geordneten Paare $(x \mid y)$, welche die Aussageform A (Relationsvorschrift) erfüllen.
f, f_1	Funktion: Eine Relation, die jedem $x \in \mathbb{D}$ jeweils nur ein Element $y \in \mathbb{W}$ zuordnet.
$f(x)$	Funktionsterm mit der Variablen x
f mit $y = \ldots$	Funktion f mit der Gleichung $y = \ldots$
$R^{-1} (f^{-1})$	Umkehrrelation (Umkehrfunktion)

Punktmengen und deren Größen

O	Koordinatenursprung
A, B, ... M, ... S, ... Z	Punkte
$P(x \mid y)$	Punkt P mit den kartesischen Koordinaten x und y
$P(r \mid \alpha)$	Punkt P mit den Polarkoordinaten Radius r und Winkel α
$\mathbb{E}, \mathbb{H}$	Zeichenebene, Ebenen, Halbebenen
$a, \ldots g, h, \ldots g_1$	Geraden
PQ	Gerade durch die Punkte P und Q
[PQ	Halbgerade durch Q mit Anfangspunkt P
[PQ]	Strecke mit den Endpunkten P und Q
$\overline{PQ}$	Länge der Strecke [PQ]
$a, b, \ldots e, \ldots$	Streckenlängen
d (P; g)	Abstand des Punktes P von der Gerade g
$m_{[AB]}$	Mittelsenkrechte über der Strecke [AB]
k (M; r)	Kreis(-linie) um den Mittelpunkt M mit dem Radius r
$\overset{\frown}{AB}$	positiv orientierter Kreisbogen von Punkt A zu Punkt B
∢ ABC	Winkel mit dem Scheitel B, bei dem A auf [BA (1. Schenkel) und C auf [BC (2. Schenkel) liegt; auch: Maß des Winkels
$\alpha, \beta, \gamma \ldots$	Maße von Winkeln
A	Flächeninhalt

M	Mantelfläche
O	Oberfläche
V	Volumen (Rauminhalt)
u	Umfang
LE, FE, VE	Längen-, Flächen-, Volumeneinheit

Beziehungen zwischen Mengen

$a \in M$	a ist Element von M
$a \notin M$	a ist nicht Element von M
$A = B$	Gleichheit der Mengen A und B
$A \subset B$	A ist echte Teilmenge von B (Gleichheit ausgeschlossen)
$A \subseteq B$	A ist Teilmenge von B (Gleichheit nicht ausgeschlossen)
$A \cap B$	Schnittmenge; A geschnitten mit B
$A \cup B$	Vereinigungsmenge; A vereinigt mit B
$A \setminus B$	Restmenge (Differenzmenge); A ohne B
$\overline{A}$	Komplementärmenge
$A \times B$	Produktmenge; „A Kreuz B"
$g \perp h$	Die Gerade g ist orthogonal zu h (g steht senkrecht auf h, g ist rechtwinklig zu h).
$g \parallel h$	Die Gerade g ist parallel zu h.
$\triangle ABC \cong \triangle A'B'C'$	Dreieck ABC ist kongruent zu Dreieck A'B'C'
$\triangle ABC \sim \triangle A'B'C'$	Dreieck ABC ist ähnlich zu Dreieck A'B'C'

Vektoren

$\vec{a}, \vec{b}$	Vektoren
$\vec{e}$	Einheitsvektor $\overrightarrow{OP}$ mit P $(1\,\vert\,\alpha)$
$\vec{a} = \begin{pmatrix} a_x \\ a_y \end{pmatrix}$	Vektor mit den Koordinaten a_x und a_y in Matrixschreibweise
$\overrightarrow{AB}$	Pfeil mit dem Anfangspunkt A (Fuß) und dem Endpunkt B (Spitze); Repräsentant (Element) eines Vektors.
$\vert\vec{a}\vert$	Betrag des Vektors $\vec{a}$
$\vert\overrightarrow{AB}\vert$	Längenmaßzahl des Pfeils $\overrightarrow{AB}$ ($\overrightarrow{AB} = \vert\overrightarrow{AB}\vert$ LE)
$\vec{a} \oplus \vec{b}$	Summe der Vektoren $\vec{a}$ und $\vec{b}$
$k \cdot \vec{a}$	Produkt des Vektors $\vec{a}$ mit dem Skalar (Zahl) k; S-Multiplikation
$\vec{a} \odot \vec{b}$	Skalarprodukt der Vektoren $\vec{a}$ und $\vec{b}$
$\begin{pmatrix} a & b \\ c & d \end{pmatrix}$	Matrix
$\begin{pmatrix} a & b \\ c & d \end{pmatrix} \odot \begin{pmatrix} e \\ f \end{pmatrix}$	Produkt aus Matrix und Vektor
$\begin{vmatrix} a & b \\ c & d \end{vmatrix}$	(zweireihige) Determinante

Abbildungen

$\longmapsto$	... ist zugeordnet ...; ... hat als Bild ...; ... wird abgebildet auf ...
$P \xrightarrow{\vec{v}} P'$	P wird durch Parallelverschiebung mit dem Vektor $\vec{v}$ auf P' abgebildet.
$P \xrightarrow{a} P'$	P wird durch Achsenspiegelung an der Achse a auf P' abgebildet.
$P \xrightarrow{Z;\varphi} P'$	P wird durch Drehung mit dem Drehzentrum Z und dem Drehwinkel mit dem Maß φ auf P' abgebildet.
$P \xrightarrow{Z;k} P'$	P wird durch zentrische Streckung mit dem Zentrum Z und dem Streckungsfaktor k auf P' abgebildet.
$P \xrightarrow{a;k} P'$	P wird durch orthogonale Affinität an der Affinitätsachse a mit dem Affinitätsmaßstab k auf P' abgebildet.

Algebra

1. Verknüpfung von Mengen

Schnittmenge

$$M_1 \cap M_2 = \{x \mid x \in M_1 \wedge x \in M_2\}$$

Die Schnittmenge ist die Menge aller Elemente x, die in der Menge M_1 **und zugleich** in der Menge M_2 enthalten sind.

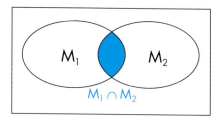

Vereinigungsmenge

$$M_1 \cup M_2 = \{x \mid x \in M_1 \vee x \in M_2\}$$

Die Vereinigungsmenge ist die Menge aller Elemente x, die in der Menge M_1 **oder** in der Menge M_2 enthalten sind.

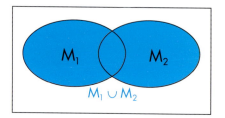

Teilmenge

$$M_1 \subseteqq M_2$$

M_1 ist **Teilmenge** von M_2, wenn jedes Element von M_1 auch in M_2 enthalten ist.

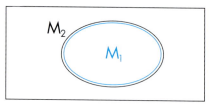

$$M_1 \subset M_2$$

M_1 ist **echte Teilmenge** von M_2.

Produktmenge

$$M_1 \times M_2 = \{(x \mid y) \mid x \in M_1 \wedge y \in M_2\}$$

Die Produktmenge ist die Menge aller geordneten Paare (x|y) mit der 1. Komponente x aus der Menge M_1 und der 2. Komponente y aus der Menge M_2.

2. Zahlenbereiche

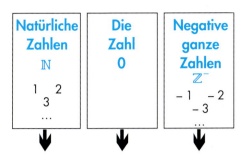

Ganze Zahlen	Brüche
$\mathbb{Z}$	$\frac{5}{3}$ $\frac{1}{2}$ $1\frac{4}{5}$ $-3\frac{8}{9}$
3 -2 0 -1 1 -3 2 ...	1,5 $-0,25$ $0,\overline{3}$ ...

Irrationale Zahlen	Rationale Zahlen
$\sqrt{2}$ $\log_2 5$ π ...	$\mathbb{Q}$ $\mathbb{Q} = \{ \frac{p}{q} \mid p \in \mathbb{Z} \wedge q \in \mathbb{N} \}$ -3 1,5 0 $-0,25$ $\frac{5}{3}$ -2 $-3\frac{8}{9}$ ...

Reelle Zahlen

$\mathbb{R}$

Darstellung auf der Zahlengeraden:

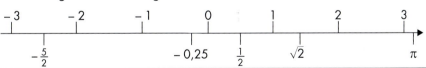

Zu jedem Punkt der Zahlengeraden gibt es genau eine reelle Zahl.
Und umgekehrt gibt es zu jeder reellen Zahl einen Punkt auf der Zahlengeraden.

Alle Mengen besitzen unendlich viele Elemente.

3. Grundrechenarten

Addition:	Summand a	$+$	Summand b	$=$ Wert der Summe	c
Subtraktion:	Minuend a	$-$	Subtrahend b	$=$ Wert der Differenz	c
Multiplikation:	Faktor a	$\cdot$	Faktor b	$=$ Wert des Produkts	c
Division:	Dividend a	$:$	Divisor b $(b \neq 0)$	$=$ Wert des Quotienten	c

Rechengesetze	Addition	Multiplikation
Kommutativgesetze	$a + b = b + a$	$a \cdot b = b \cdot a$
Assoziativgesetze	$a + (b + c) = (a + b) + c$	$a \cdot (b \cdot c) = (a \cdot b) \cdot c$
Neutrale Elemente	$0 + a = a + 0 = a$	$1 \cdot a = a \cdot 1 = a$
Inverse Elemente	$a + (-a) = 0$ Gegenzahl: $-a$	$a \cdot \frac{1}{a} = 1 \ (a \neq 0)$ Kehrwert: $\frac{1}{a}$
Distributivgesetze	$(a + b) \cdot c = a \cdot c + b \cdot c$ $(a - b) \cdot c = a \cdot c - b \cdot c$	$(a + b) : c = a : c + b : c$ $(c \neq 0)$ $(a - b) : c = a : c - b : c$ $(c \neq 0)$

Hinweis: Subtraktion und Division sind nicht kommutativ.

Vorzeichen und Rechenzeichen

(Alle auftretenden Zahlen im Nenner müssen von Null verschieden sein!)

$+(+a) = +a$ $(+a) \cdot (+b) = +a \cdot b$ $(+a) : (+b) = +a : b$
$+(-a) = -a$ $(+a) \cdot (-b) = -a \cdot b$ $(+a) : (-b) = -a : b$
$-(+a) = -a$ $(-a) \cdot (+b) = -a \cdot b$ $(-a) : (+b) = -a : b$
$-(-a) = +a$ $(-a) \cdot (-b) = +a \cdot b$ $(-a) : (-b) = +a : b$

$\dfrac{+a}{+b} = +\dfrac{a}{b}$ $\dfrac{+a}{-b} = -\dfrac{a}{b}$ $\dfrac{-a}{+b} = -\dfrac{a}{b}$ $\dfrac{-a}{-b} = +\dfrac{a}{b}$

Reihenfolge bei Berechnungen

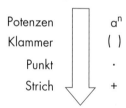

Potenzen	a^n
Klammer	$(\ )$
Punkt	$\cdot$
Strich	$+$

Auflösen von Klammern

Auflösen einer „Plusklammer": $\quad a + (-b + c) = a - b + c$

Auflösen einer „Minusklammer": $\quad a - (-b + c) = a + b - c$

Der absolute Betrag

$$|a| = \begin{cases} +a & \text{für } a > 0 \\ 0 & \text{für } a = 0 \\ -a & \text{für } a < 0 \end{cases} \qquad \text{für alle } a \text{ gilt: } |a| \geqq 0$$

4. Brüche

Regeln für das Rechnen mit rationalen Zahlen (Bruchrechnen)

(Alle auftretenden Zahlen im Nenner müssen von Null verschieden sein!)

Erweitern

$$\frac{a}{b} = \frac{a \cdot c}{b \cdot c}$$

Kürzen

$$\frac{a}{b} = \frac{a : c}{b : c}$$

Addition

zwei gleichnamige Brüche

$$\frac{a}{b} + \frac{c}{b} = \frac{a + c}{b}$$

zwei ungleichnamige Brüche

$$\frac{a}{b} + \frac{c}{d} = \frac{a \cdot d}{b \cdot d} + \frac{c \cdot b}{d \cdot b} = \frac{a \cdot d + c \cdot b}{b \cdot d}$$

Subtraktion

zwei gleichnamige Brüche

$$\frac{a}{b} - \frac{c}{b} = \frac{a - c}{b}$$

zwei ungleichnamige Brüche

$$\frac{a}{b} - \frac{c}{d} = \frac{a \cdot d}{b \cdot d} - \frac{c \cdot b}{d \cdot b} = \frac{a \cdot d - c \cdot b}{b \cdot d}$$

Multiplikation

ein Bruch mit einer ganzen Zahl

$$\frac{a}{b} \cdot c = \frac{a \cdot c}{b}$$

zwei Brüche

$$\frac{a}{b} \cdot \frac{c}{d} = \frac{a \cdot c}{b \cdot d}$$

Division

ein Bruch durch eine ganze Zahl

$$\frac{a}{b} : c = \frac{a}{b} \cdot \frac{1}{c} = \frac{a}{b \cdot c}$$

zwei Brüche

$$\frac{a}{b} : \frac{c}{d} = \frac{a}{b} \cdot \frac{d}{c} = \frac{a \cdot d}{b \cdot c}$$

5. Potenzen

Bezeichnungen

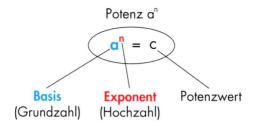

Potenz a^n

$a^n = c$

Basis (Grundzahl)   **Exponent** (Hochzahl)   Potenzwert

Definitionen	Basis	Exponent
$a^n = \underbrace{a \cdot a \cdot \ldots \cdot a}_{n \text{ Faktoren}}$ $a^1 = a$	$a \in \mathbb{R}$	$n \in \mathbb{N}$
$a^0 = 1$ $a^{-n} = \dfrac{1}{a^n}$	$a \in \mathbb{R}\setminus\{0\}$	$n \in \mathbb{N}$
$x^q = a \Leftrightarrow x = a^{\frac{1}{q}}$ $a^{\frac{p}{q}} = (a^p)^{\frac{1}{q}}$	$a \in \mathbb{R}_0^+$ $a \in \mathbb{R}^+$	$q \in \mathbb{N}$ $p \in \mathbb{Z}$

Regeln für das Rechnen mit Potenzen (Potenzgesetze)

(Alle auftretenden Zahlen im Nenner müssen von Null verschieden sein!)

	Multiplikation	Division
Potenzen mit gleicher Basis:	$a^m \cdot a^n = a^{m+n}$	$a^m : a^n = a^{m-n}$
Potenzen mit gleichem Exponenten:	$a^n \cdot b^n = (a \cdot b)^n$	$a^n : b^n = (a : b)^n$

Potenzieren einer Potenz: $(a^m)^n = a^{m \cdot n}$

Potenzieren eines Bruches: $\left(\dfrac{a}{b}\right)^n = \dfrac{a^n}{b^n}$ $\left(\dfrac{a}{b}\right)^{-n} = \left(\dfrac{b}{a}\right)^n$

6. Wurzeln

Bezeichnungen

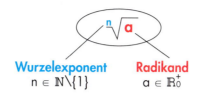

Wurzelexponent
$n \in \mathbb{N}\setminus\{1\}$

Radikand
$a \in \mathbb{R}_0^+$

Definitionen

$\sqrt[n]{a}$ ist die nichtnegative Lösung der Gleichung $x^n = a$ $(a \in \mathbb{R}_0^+)$

$\sqrt{a}$ ist die nichtnegative Lösung der Gleichung $x^2 = a$ $(a \in \mathbb{R}_0^+)$

Folgerungen aus den Definitionen

$$\boxed{(\sqrt[n]{a})^n = a} \quad \boxed{\sqrt[n]{a} \geq 0} \qquad \boxed{(\sqrt{a})^2 = a} \quad \boxed{\sqrt{a} \geq 0}$$

Wurzeln als Potenzen

$$\boxed{a^{\frac{1}{n}} = \sqrt[n]{a}} \quad \text{für } n \in \mathbb{N}\setminus\{1\}; a \in \mathbb{R}_0^+$$

$$\boxed{(a)^{\frac{p}{q}} = (a^p)^{\frac{1}{q}} = \sqrt[q]{a^p}} \quad \text{für } p \in \mathbb{Z}; q \in \mathbb{N}\setminus\{1\}; a \in \mathbb{R}^+$$

Regeln für das Rechnen mit Quadratwurzeln
(Alle auftretenden Zahlen im Nenner müssen von Null verschieden sein!)

Multiplikation

$$\boxed{\sqrt{a} \cdot \sqrt{b} = \sqrt{a \cdot b}}$$

Division

$$\boxed{\frac{\sqrt{a}}{\sqrt{b}} = \sqrt{\frac{a}{b}}}$$

Quadratwurzel aus einer Quadratzahl: $\boxed{\sqrt{a^2} = |a|}$ mit $a \in \mathbb{R}$

Teilweises Wurzelziehen (Radizieren): $\boxed{\sqrt{a^2 \cdot b} = a \cdot \sqrt{b}}$ mit $a, b \in \mathbb{R}_0^+$

7. Logarithmen

Bezeichnungen

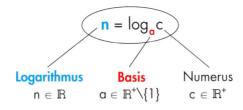

Logarithmus $n \in \mathbb{R}$ Basis $a \in \mathbb{R}^+ \setminus \{1\}$ Numerus $c \in \mathbb{R}^+$

Definition: Der Logarithmus einer positiven Zahl c zur Basis a ist derjenige Exponent n, mit dem man a potenzieren muss, um c zu erhalten.

$$a^n = c \Leftrightarrow n = \log_a c$$

Sprechweise: n ist der Logarithmus von c zur Basis a.

Sonderfall:

Zehnerlogarithmus $\log_{10} c = \lg c$ mit 10 als Basis

Umrechnung von Logarithmen in eine andere Basis

$$\log_b c = \frac{\log_a c}{\log_a b}$$

Regeln für das Rechnen mit Logarithmen (Logarithmensätze)

Logarithmus eines Produktes: $\log_a (u \cdot v) = \log_a u + \log_a v$ mit $u, v \in \mathbb{R}^+$

Logarithmus eines Quotienten: $\log_a \frac{u}{v} = \log_a u - \log_a v$

Logarithmus einer Potenz: $\log_a (u^n) = n \cdot \log_a u$

Sonderfälle: $a^0 = 1 \Leftrightarrow \log_a 1 = 0$
$a^1 = a \Leftrightarrow \log_a a = 1$

8. Äquivalenz von Termen

Zwei Terme $T_1(x)$ und $T_2(x)$ heißen (zueinander) äquivalent in der gemeinsamen Grundmenge $\mathbb{G}$, wenn sich für alle Belegungen aus $\mathbb{G}$ jeweils die gleichen Termwerte ergeben.

Schreibweise: $\boxed{T_1(x) = T_2(x)}$

Termumformung: Umformung eines Terms in einen äquivalenten Term

Addition von Summentermen

$$\boxed{a + (b + c - d) = a + b + c - d}$$

Subtraktion von Summentermen

$$\boxed{a - (b + c - d) = a - b - c + d}$$

Ausmultiplizieren

$$\boxed{a \cdot (b + c - d) = ab + ac - ad}$$

Ausklammern (Faktorisieren)

$$\boxed{ab + ac - ad = a \cdot (b + c - d)}$$

Multiplikation von Summentermen

$$\boxed{\begin{array}{l}(a + b) \cdot (c + d) = ac + ad + bc + bd \\ (a + b) \cdot (c - d) = ac - ad + bc - bd\end{array}} \quad \boxed{\begin{array}{l}(a - b) \cdot (c + d) = ac + ad - bc - bd \\ (a - b) \cdot (c - d) = ac - ad - bc + bd\end{array}}$$

Binomische Formeln

$$\boxed{(a + b)^2 = a^2 + 2ab + b^2} \quad \boxed{(a - b)^2 = a^2 - 2ab + b^2} \quad \boxed{(a + b) \cdot (a - b) = a^2 - b^2}$$

1. binomische Formel 2. binomische Formel 3. binomische Formel

9. Inversionsgesetz

Für $a < 0$ gilt: $\boxed{\begin{array}{l} x \leq y \quad | \cdot a \\ \Leftrightarrow a \cdot x \geq a \cdot y \end{array}}$

10. Verknüpfungen von Gleichungen und Ungleichungen

Die Gleichung (Ungleichung) $A_1(x)$ hat die Lösungsmenge $\mathbb{L}_1 = \{x \,|\, A_1(x)\}$.
Die Gleichung (Ungleichung) $A_2(x)$ hat die Lösungsmenge $\mathbb{L}_2 = \{x \,|\, A_2(x)\}$.

Für die Lösungsmengen der Verknüpfungen gilt:

$A_1(x) \wedge A_2(x): \quad \mathbb{L} = \mathbb{L}_1 \cap \mathbb{L}_2 = \{x \,|\, A_1(x) \wedge A_2(x)\}$
$A_1(x) \vee A_2(x): \quad \mathbb{L} = \mathbb{L}_1 \cup \mathbb{L}_2 = \{x \,|\, A_1(x) \vee A_2(x)\}$

Produktgleichungen und Produktungleichungen

$a \cdot b = 0$	$\Leftrightarrow$	$a = 0$	$\vee$	$b = 0$
$a \cdot b > 0$	$\Leftrightarrow$	$(a > 0 \wedge b > 0)$	$\vee$	$(a < 0 \wedge b < 0)$
$a \cdot b < 0$	$\Leftrightarrow$	$(a > 0 \wedge b < 0)$	$\vee$	$(a < 0 \wedge b > 0)$

Bruchgleichungen und Bruchungleichungen

$\frac{a}{b} = 0$	$\Leftrightarrow$	$a = 0 \wedge b \neq 0$		
$\frac{a}{b} > 0$	$\Leftrightarrow$	$(a > 0 \wedge b > 0)$	$\vee$	$(a < 0 \wedge b < 0)$
$\frac{a}{b} < 0$	$\Leftrightarrow$	$(a > 0 \wedge b < 0)$	$\vee$	$(a < 0 \wedge b > 0)$

Betragsgleichungen und Betragsungleichungen (für a > 0)

$|x| = a$	$\Leftrightarrow$	$x = a$	$\vee$	$x = -a$		
$|x| > a$	$\Leftrightarrow$	$x > a$	$\vee$	$x < -a$		
$|x| < a$	$\Leftrightarrow$	$x < a$	$\wedge$	$x > -a$	$\Leftrightarrow$	$-a < x < a$

11. Quadratische Gleichungen

Allgemeine Form

$$a \cdot x^2 + b \cdot x + c = 0$$

mit $a \in \mathbb{R} \setminus \{0\}; b, c \in \mathbb{R}$

Normalform

$$x^2 + p \cdot x + q = 0$$

mit $p, q \in \mathbb{R}$

Algebraische Lösung einer quadratischen Gleichung

Die Diskriminante D entscheidet über die Anzahl der Lösungen:

$$D = b^2 - 4 \cdot a \cdot c \qquad \textbf{Diskriminante} \qquad D = \left(\frac{p}{2}\right)^2 - q$$

Die Lösungen erhält man mit Hilfe einer Lösungsformel:

$$x_{1,2} = \frac{-b \pm \sqrt{D}}{2a}$$

$$x_{1,2} = \frac{-b \pm \sqrt{b^2 - 4a \cdot c}}{2a}$$

$D > 0$ (2 Lösungen)

$$x_{1,2} = -\frac{p}{2} \pm \sqrt{D}$$

$$x_{1,2} = -\frac{p}{2} \pm \sqrt{\left(\frac{p}{2}\right)^2 - q}$$

$$x = -\frac{b}{2 \cdot a}$$

$D = 0$ (1 Lösung)

$$x = -\frac{p}{2}$$

$D < 0$ (keine Lösung)

Graphische Lösung

Allgemeine Form

$$a \cdot x^2 + b \cdot x + c = 0$$

mit $a \in \mathbb{R} \setminus \{0\}; b, c \in \mathbb{R}$

Normalform

$$x^2 + p \cdot x + q = 0$$

mit $p, q \in \mathbb{R}$

Durch den Links- und Rechtsterm werden Funktionsgleichungen definiert:

I. $y = a \cdot x^2 + b \cdot x + c$ (Parabel)
II. $\wedge \; y = 0$ (x-Achse)

I. $y = x^2 + p \cdot x + q$
II. $\wedge \; y = 0$

Im Koordinatensystem wird die Lösungsmenge $\mathbb{L}^*$ des Gleichungssystems ermittelt.

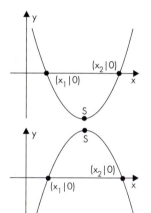
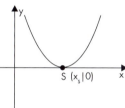
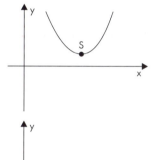
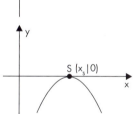

$\mathbb{L}^* = \{(x_1 \mid 0); (x_2 \mid 0)\}$	$\mathbb{L}^* = \{(x_s \mid 0)\}$	$\mathbb{L}^* = \emptyset$
2 Schnittpunkte	**1 Berührpunkt**	**kein gemeinsamer Punkt**
2 Lösungen $\mathbb{L} = \{x_1; x_2\}$	1 Lösung $\mathbb{L} = \{x_s\}$	keine Lösung $\mathbb{L} = \emptyset$

Die x-Koordinaten der Schnittpunkte der entsprechenden Parabel und der x-Achse sind Lösungen der quadratischen Gleichung.

Hinweis: x_0 ist Nullstelle einer Funktion $f \Leftrightarrow f(x_0) = 0$.

12. Lineare Gleichungssysteme mit zwei Variablen

Ein System aus zwei linearen Gleichungen, die durch $\wedge$ („und zugleich") verknüpft sind, heißt lineares Gleichungssystem mit zwei Variablen.

Darstellung:

I. $\quad a_1 \cdot x + b_1 \cdot y + c_1 = 0$
II. $\wedge\ a_2 \cdot x + b_2 \cdot y + c_2 = 0$

Allgemeine Form

I. $\quad y = m_1 \cdot x + t_1$
II. $\wedge\ y = m_2 \cdot x + t_2$

Normalform

Algebraische Lösungsverfahren:

a) Gleichsetzungsverfahren

I. $\quad y = m_1 \cdot x + t_1$
II. $\wedge\ y = m_2 \cdot x + t_2$

I. = II. $\Rightarrow m_1 \cdot x + t_1 = m_2 \cdot x + t_2$

b) Einsetzungsverfahren

I. $\quad y = m \cdot x + t$
II. $\wedge\ a \cdot x + b \cdot y + c = 0$

I. in II. $\Rightarrow a \cdot x + b \cdot (\mathbf{m \cdot x + t}) + c = 0$

c) Additionsverfahren

I. $\quad a_1 \cdot x +\quad b_1\ \cdot y + c_1 = 0$
II. $\wedge\ a_2 \cdot x + (-b_1) \cdot y + c_2 = 0$

I. + II. $\Rightarrow (a_1 + a_2) \cdot x + c_1 + c_2 = 0$

Lösungsmenge eines Gleichungssystems:

$\mathbb{L} = \{(x_0 | y_0)\}$

oder $\mathbb{L} = \varnothing$

oder $\mathbb{L} = \{(x|y) | a \cdot x + b \cdot y + c = 0\}$

Graphische Lösung:

Ein Schnittpunkt der beiden Geraden.

Kein gemeinsamer Punkt.

Die beiden Geraden sind identisch.

d) Determinantenverfahren

Definition der Determinante: $\begin{vmatrix} a & b \\ c & d \end{vmatrix} = a \cdot d - b \cdot c$

Zur Lösung eines linearen Gleichungssystems werden Determinanten gebildet.

Nötige Ausgangsform:

$$\begin{array}{rl} \text{I.} & a_1 \cdot x + b_1 \cdot y = c_1 \\ \text{II.} & \wedge\; a_2 \cdot x + b_2 \cdot y = c_2 \end{array}$$

$$D_N = \begin{vmatrix} a_1 & b_1 \\ a_2 & b_2 \end{vmatrix} \qquad D_x = \begin{vmatrix} c_1 & b_1 \\ c_2 & b_2 \end{vmatrix} \qquad D_y = \begin{vmatrix} a_1 & c_1 \\ a_2 & c_2 \end{vmatrix}$$

Lösungsmenge eines linearen Gleichungssystems:

Für $\boxed{D_N \neq 0}$ **gilt:**

Bei der Grundmenge $\mathbb{G} = \mathbb{R} \times \mathbb{R}$ erhält man genau ein Zahlenpaar aus $\mathbb{R}$ als Lösung:

$L = \{(x_0 \mid y_0)\}$

mit

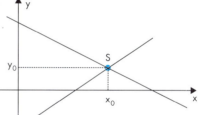

Für $\boxed{D_N = 0}$ **gilt:**

Graphische Fallunterscheidung: Es gibt keinen Schnittpunkt der zugehörigen Geraden, sie sind entweder zueinander parallel oder fallen zusammen.

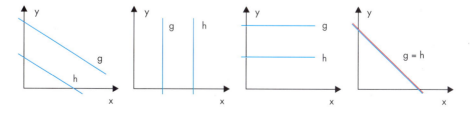

Algebraische Fallunterscheidung:

$D_x \neq 0$	$D_x = 0$	$D_x \neq 0$	$D_x = 0$
$\wedge\; D_y \neq 0$	$\wedge\; D_y \neq 0$	$\wedge\; D_y = 0$	$\wedge\; D_y = 0$

FORMELSAMMLUNG MATHEMATIK

13. Quadratische Gleichungssysteme mit zwei Variablen

Parabel und Gerade

I. $\quad y = ax^2 + bx + c$
II. $\quad \wedge\; y = mx + t$

Bei der Lösung des Gleichungssystems erhält man eine quadratische Gleichung.
Die Diskriminante D entscheidet über die Art der Geraden:

$D > 0$	$D = 0$	$D < 0$
(zwei Schnittpunkte)	(ein Berührpunkt)	(kein gemeinsamer Punkt)
g ist Sekante	g ist Tangente	g ist Passante

Tangentenbestimmung

Parabel und
Geradenbüschel
Parameter: Steigung m

$y = x^2 + 4x + 5$
$\wedge\; y = m(x+2) - 1$

Parabel und
Geradenschar
Parameter: y-Abschnitt t

$y = x^2 + 4x + 5$
$\wedge\; y = 2x + t$

Gerade und
Parabelschar
Parameter: z. B. k

$y = k \cdot x^2$
$\wedge\; y = 2x - 1$

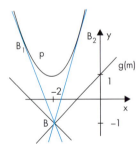
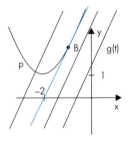
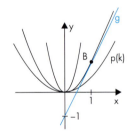

Schnittpunktsbedingung: Das Gleichsetzungsverfahren führt zu einer quadratischen Gleichung der Form $x^2 + px + q = 0$.

Tangentenbedingung: Mit **D = 0** erhält man die Belegung(en) des Parameters.

Für die x-Koordinate des Berührpunktes B gilt: $\quad x = -\dfrac{p}{2}$

Systeme quadratischer Ungleichungen
Punktmengen, die durch Parabeln begrenzt sind, können durch ein System aus quadratischen Ungleichungen beschrieben werden.

14. Proportionalitäten

Direkte Proportionalität
$a, b, c, d, \ldots x, y \in \mathbb{R}^+$
$k \in \mathbb{R}^+$

Die Zahlenpaare $(a|b), (c|d), \ldots, (x|y)$ sind **quotientengleich**:

$$\frac{a}{b} = \frac{c}{d} = \ldots = \frac{x}{y} = k$$

k heißt **Proportionalitätsfaktor**

Indirekte Proportionalität
$a, b, c, d, \ldots x, y \in \mathbb{R}^+$
$k \in \mathbb{R}^+$

Die Zahlenpaare $(a|b), (c|d), \ldots, (x|y)$ sind **produktgleich**:

$$a \cdot b = c \cdot d = \ldots = x \cdot y = k$$

k ist eine Konstante

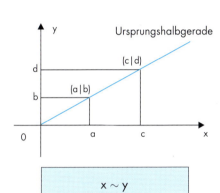

$x \sim y$

x ist direkt proportional zu y

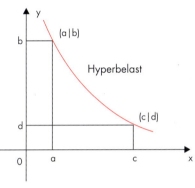

$x \sim \frac{1}{y}$

x ist indirekt proportional zu y

15. Prozent- und Zinsrechnung

Prozent

$$PW = \frac{p}{100} \cdot GW$$

PW Prozentwert
p   Prozentsatz
GW Grundwert

Tageszinsen
(allgemeine Zinsformel)

$$Z = \frac{K \cdot p \cdot t}{100 \cdot 365}$$

Z Zinsen
K Kapital
p Zinssatz
t Tage

Promille-Rechnung : 1‰ = 0,1%

16. Relationen

Aus den Elementen der Mengen M_1 und M_2 werden **geordnete Paare** $(x|y)$ gebildet mit der
1. Komponente $x \in M_1$ und der **2. Komponente** $y \in M_2$.
Die Menge aller geordneten Paare (Paarmenge) bezeichnet man als **Produktmenge**.

Schreibweise: $M_1 \times M_2$
Sprechweise: „M_1 Kreuz M_2"
Definition: $M_1 \times M_2 = \{(x|y) | x \in M_1 \wedge y \in M_2\}$

Alle Paare der Grundmenge $\mathbb{G} = \mathbb{R} \times \mathbb{R}$, die bei der Belegung der Relationsvorschrift wahre Aussagen ergeben, bilden die Lösungsmenge. Sie heißt Relation R.

$$R \subseteq M_1 \times M_2$$

Die Menge der 1. Komponenten x einer Relation ist die **Definitionsmenge** $\mathbb{D}(x)$.
Die Menge der 2. Komponenten y einer Relation ist die **Wertemenge** $\mathbb{W}(y)$.

Die Menge der Bildpunkte zu den Elementen von R heißt **Graph der Relation**.

Abszisse: x-Koordinate
Ordinate: y-Koordinate

17. Funktionen

Ordnet eine Relation R jedem Element der Definitionsmenge $\mathbb{D}(x)$ **genau ein** Element der Wertemenge $\mathbb{W}(y)$ zu, so nennt man R eine **Funktion f**.

Funktionsgleichung:
Die nach y aufgelöste Relationsvorschrift heißt Funktionsgleichung.

Ein Punkt P $(x_P|y_P)$ liegt auf dem Graphen der Funktion f, wenn seine Koordinaten, eingesetzt in die Funktionsgleichung, eine wahre Aussage ergeben.

18. Umkehrrelationen – Umkehrfunktionen

Wird in allen Paaren einer Relation R die Reihenfolge der Komponenten umgekehrt, so nennt man die entstandene Relation Umkehrrelation R^{-1} zu R.

Die Definitionsmenge von R wird zur Wertemenge von R^{-1}: $\mathbb{D}(R) = \mathbb{W}(R^{-1})$
Die Wertemenge von R wird zur Definitionsmenge von R^{-1}: $\mathbb{W}(R) = \mathbb{D}(R^{-1})$

Graphische Darstellung der Umkehrrelation im Koordinatendiagramm:
Spiegelt man den Graphen der Relation R an der Winkelhalbierenden des I. und III. Quadranten (mit der Gleichung $y = x$), so erhält man den Graphen der zugehörigen Umkehrrelation R^{-1}.

Umkehrfunktion
Eine Funktion heißt umkehrbar, wenn die zugehörige Umkehrrelation wieder eine Funktion ist.
Die neue Funktion heißt Umkehrfunktion f^{-1} zur Funktion f.

19. Lineare Funktionen

Darstellungsformen:

Allgemeine Form

$$f \text{ mit } a \cdot x + b \cdot y + c = 0$$

oder

Normalform

$$f \text{ mit } y = m \cdot x + t$$

mit $a, c \in \mathbb{R}$ und $b \in \mathbb{R}\setminus\{0\}$

mit $m, t \in \mathbb{R}$

Graph einer linearen Funktion

In der Normalform bedeuten:
m: Steigungsfaktor
t: y-Achsenabschnitt

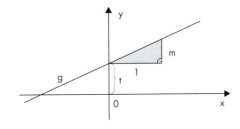

Nullstelle der linearen Funktion mit der Gleichung $y = a \cdot x + b$: $x_0 = -\dfrac{b}{a}$

Bestimmung des Steigungsfaktors m

– als Quotient von Koordinatendifferenzen

$$m = \frac{y_2 - y_1}{x_2 - x_1} \quad x_1 \neq x_2$$

$$m = \frac{\Delta y}{\Delta x} = \tan \alpha$$

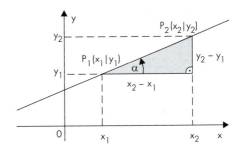

– als Quotient von Pfeilkoordinaten

$$\overrightarrow{PQ} = \begin{pmatrix} x \\ y \end{pmatrix} \Rightarrow m = \frac{y}{x} = \tan \alpha$$

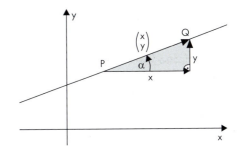

Funktionsgleichungen linearer Funktionen und ihre Graphen

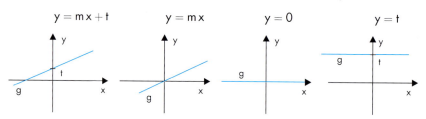

Hinweis: Die y-Achse ist Graph einer Relation mit der Gleichung $x = 0$.
Eine Parallele zur y-Achse ist der Graph einer Relation mit $x = s$.

Gerade durch zwei Punkte

Sind die Koordinaten von zwei Punkten P_1 und P_2 bekannt, so gilt für die Geradengleichung:

$$y = \frac{y_2 - y_1}{x_2 - x_1} \cdot (x - x_1) + y_1$$

Die Punktsteigungsform

Verläuft eine Gerade mit der Steigung m durch einen Punkt $S(x_s | y_s)$, so gilt für die Geradengleichung:

$$y - y_s = m(x - x_s)$$
$$\Leftrightarrow \quad y = m(x - x_s) + y_s$$

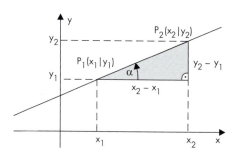
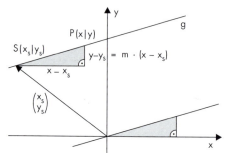

Für zwei Geraden g_1 mit $y = m_1 \cdot x + t_1$ und g_2 mit $y = m_2 \cdot x + t_2$ gilt:

Parallele Geraden

$$g_1 \parallel g_2 \Leftrightarrow m_1 = m_2$$

mit $m_1, m_2 \in \mathbb{R}$

Orthogonale Geraden

$$g_1 \perp g_2 \Leftrightarrow m_1 \cdot m_2 = -1$$

mit $m_1, m_2 \in \mathbb{R}$

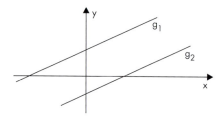
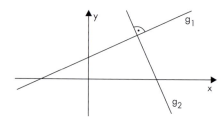

Parallelenschar

Für variablen y-Achsenabschnitt t (Parameter) ist $y = m \cdot x + t$ die Gleichung der Parallelenschar mit dem festen Steigungsfaktor m.

g(t) mit $y = m \cdot x + t$

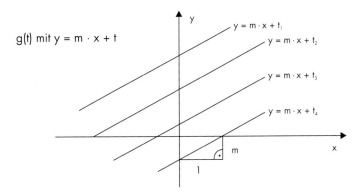

Geradenbüschel

Für variable Steigungsfaktoren m (Parameter) ist $y = m(x - x_B) + y_B$ die Gleichung des Geradenbüschels mit dem Büschelpunkt $B(x_B | y_B)$.

Hinweis: Die Parallele zur y-Achse durch den Punkt B wird durch die Gleichung nicht erfasst.

g(m) mit $y = m \cdot (x - x_B) + y_B$

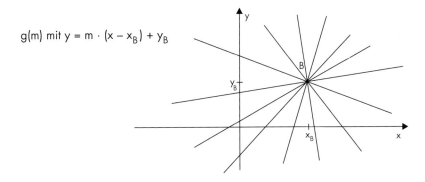

FORMELSAMMLUNG MATHEMATIK

20. Quadratische Funktionen

Jede quadratische Funktion ist durch eine quadratische Gleichung definiert. Der Graph einer quadratischen Funktion ist eine Parabel.

$$f \text{ mit } y = a \cdot x^2 + b \cdot x + c \qquad \mathbb{G} = \mathbb{R} \times \mathbb{R}; a \in \mathbb{R}\setminus\{0\}; b, c \in \mathbb{R}$$

Bezeichnungen: Allgemeine Form (allgemeine Parabel) $\quad y = a \cdot x^2 + b \cdot x + c$
Normalform (verschobene Parabel) $\quad y = x^2 + b \cdot x + c$
$\phantom{\text{Normalform (verschobene Parabel)}} \quad y = -x^2 + b \cdot x + c$
Grundform (Normalparabel) $\quad y = x^2$

Kennzeichen einer Parabel:

a) **Form:** $|a| = 1$: Normalparabel
$\phantom{\text{Form:}}\quad |a| > 1$: Streckung der Normalparabel in Richtung der y-Achse
$\phantom{\text{Form:}}\quad |a| < 1$: Stauchung der Normalparabel in Richtung der y-Achse

b) **Scheitelpunkt:** $S(x_S | y_S)$ mit $\boxed{x_S = -\dfrac{b}{2a}}$ und $\boxed{y_S = c - \dfrac{b^2}{4a}}$

c) **Öffnung:** $a > 0$: Parabel nach oben geöffnet (y_S ist Minimum)
$\phantom{\text{Öffnung:}}\quad a < 0$: Parabel nach unten geöffnet (y_S ist Maximum)

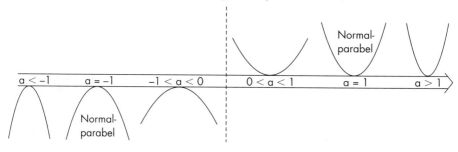

Scheitelpunktsgleichung einer Parabel mit dem Scheitel $S(x_S|y_S)$:

p_0 mit $y = a \cdot x^2 \xmapsto{\vec{v}} p$ mit $y = a \cdot (x - x_S)^2 + y_S$

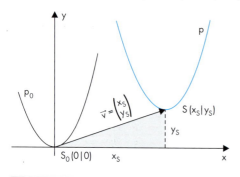

Scheitelpunktsgleichung (Scheitelform):

$$\boxed{y = a \cdot (x - x_S)^2 + y_S}$$

Scheitelpunktskoordinaten:
$S(x_S | y_S)$

21. Potenzfunktionen

Funktionen mit $y = x^n$ und $n \in \mathbb{Q}\setminus\{0\}$ heißen Potenzfunktionen n-ter Ordnung.

Der Exponent ist eine natürliche Zahl
Die zugehörigen Graphen heißen Parabeln n-ter Ordnung.

Parabeln gerader Ordnung

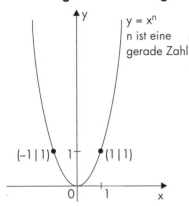

Definitionsmenge: $\mathbb{D}(x) = \mathbb{R}$
Wertemenge: $\mathbb{W}(y) = \mathbb{R}_0^+$

Parabeln ungerader Ordnung

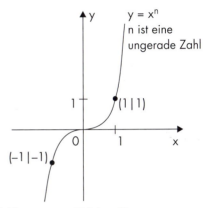

Definitionsmenge: $\mathbb{D}(x) = \mathbb{R}$
Wertemenge: $\mathbb{W}(y) = \mathbb{R}$

Der Exponent ist eine negative ganze Zahl
Die zugehörigen Graphen heißen Hyperbeln n-ter Ordnung.

Hyperbeln gerader Ordnung

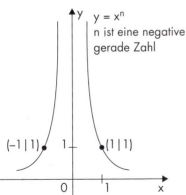

Definitionsmenge: $\mathbb{D}(x) = \mathbb{R}\setminus\{0\}$
Wertemenge: $\mathbb{W}(y) = \mathbb{R}^+$
Asymptoten: $x = 0; y = 0$

Hyperbeln ungerader Ordnung

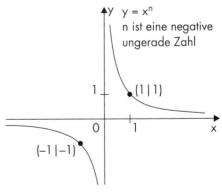

Definitionsmenge: $\mathbb{D}(x) = \mathbb{R}\setminus\{0\}$
Wertemenge: $\mathbb{W}(y) = \mathbb{R}\setminus\{0\}$
Asymptoten: $x = 0; y = 0$

Der Exponent ist eine rationale Zahl

Allgemeine Potenzfunktionen mit $y = x^n$ und $n \in \mathbb{Q}\setminus\{0\}$ besitzen als Graphen

für positive rationale Zahlen $n \in \mathbb{Q}^+ (n \neq 1)$ für negative rationale Zahlen $n \in \mathbb{Q}^-$

Parabelstücke   **Hyperbeläste**

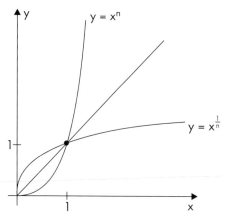 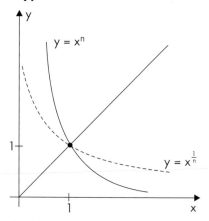

Definitionsmenge: $\mathbb{D}(x) = \mathbb{R}_0^+$ Definitionsmenge: $\mathbb{D}(x) = \mathbb{R}^+$
Wertemenge: $\mathbb{W}(y) = \mathbb{R}_0^+$ Wertemenge: $\mathbb{W}(y) = \mathbb{R}^+$
                                                             Asymptoten: $x = 0; y = 0$

Die Potenzfunktionen mit $y = x^{\frac{1}{n}}$ und $n \in \{2; 3; 4; \ldots\}$ heißen **Wurzelfunktionen**. Nach Einschränkung der Definitionsmenge (auf $\mathbb{R}_0^+$ oder $\mathbb{R}^-$) erhält man als Umkehrfunktionen der Potenzfunktionen mit $y = x^n$ die Wurzelfunktionen.

Schreibweise: $y = x^{\frac{1}{n}}$ oder $y = \sqrt[n]{x}$

Sonderfall: Quadratische Funktion
             f mit $y = x^2$; $\mathbb{D} = \mathbb{R}$

Nach Einschränkung der Definitions-
menge ($\mathbb{D} = \mathbb{R}_0^+$) erhält man als
Umkehrfunktion die

Quadratwurzelfunktion f^{-1} mit $y = \sqrt{x}$

(oder f^{-1} mit $y = x^{\frac{1}{2}}$)

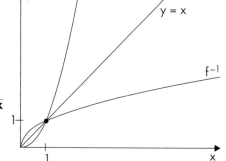

Die Geraden, an die sich Hyperbeln beliebig annähern, ohne sie aber zu berühren, nennt man **Asymptoten**.

22. Exponentialfunktionen

Die Funktionen f mit $y = a^x$ heißen Exponentialfunktionen zur Basis a mit $a \in \mathbb{R}^+ \setminus \{1\}$.

Grundfunktionen

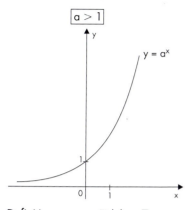

Definitionsmenge: $\mathbb{D}(x) = \mathbb{R}$	Definitionsmenge: $\mathbb{D}(x) = \mathbb{R}$
Wertemenge: $\mathbb{W}(y) = \mathbb{R}^+$	Wertemenge: $\mathbb{W}(y) = \mathbb{R}^+$
Asymptote: $y = 0$	Asymptote: $y = 0$

23. Logarithmusfunktionen

Die Exponentialfunktionen f mit $y = a^x$ zur Basis a sind umkehrbar.
Die Umkehrfunktionen heißen Logarithmusfunktionen zur Basis a.

Schreibweise: f mit $y = a^x$ $\xrightarrow{y = x}$ f^{-1} mit $y = \log_a x$
 $a \in \mathbb{R}^+ \setminus \{1\}$ $a \in \mathbb{R}^+ \setminus \{1\}$

Ebenso gilt: f mit $y = \log_a x$ $\xrightarrow{y = x}$ f^{-1} mit $y = a^x$
 $a \in \mathbb{R}^+ \setminus \{1\}$ $a \in \mathbb{R}^+ \setminus \{1\}$

Grundfunktionen

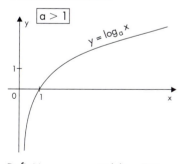

Definitionsmenge: $\mathbb{D}(x) = \mathbb{R}^+$	Definitionsmenge: $\mathbb{D}(x) = \mathbb{R}^+$
Wertemenge: $\mathbb{W}(y) = \mathbb{R}$	Wertemenge: $\mathbb{W}(y) = \mathbb{R}$
Asymptote: $x = 0$	Asymptote: $x = 0$

Geometrie

1. Ortslinien

Grundlagen

Gerade:  $AB = g$

Halbgerade:  $[AB$

Strecke:  $[AB]$
Streckenlänge: $\overline{AB}$

Parallele Geraden:  $g \parallel h$

Orthogonale
(senkrechte) Geraden: $g \perp h$

Ebene,
Halbebenen: 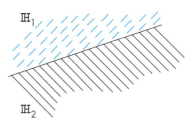 $\mathbb{H}_1 \cup \mathbb{H}_2 = \mathbb{E}$

Winkel:

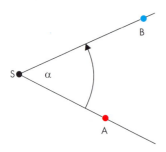

Die Bezeichnung des Winkels erfolgt vom Scheitel S aus gesehen in der mathematischen Drehrichtung „entgegen dem Uhrzeigersinn".

1. Schenkel: $[SA$

2. Schenkel: $[SB$

Maß des Winkels $\alpha = \sphericalangle \text{AS}B$

Punkt auf dem 1. Schenkel

Scheitel

Punkt auf dem 2. Schenkel

2. Winkel

Nebenwinkel:

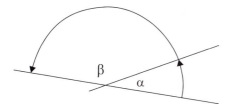

α ist Nebenwinkel zu β
β ist Nebenwinkel zu α
$\alpha + \beta = 180°$

Scheitelwinkel:

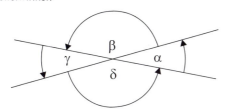

α und γ sind Scheitelwinkel
$\alpha = \gamma$
β und δ sind Scheitelwinkel
$\beta = \delta$

Stufenwinkel (F-Winkel):

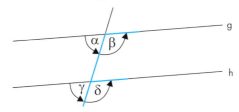

$g \parallel h$
α und γ sind Stufenwinkel
$\alpha = \gamma$
β und δ sind Stufenwinkel
$\beta = \delta$

Wechselwinkel (Z-Winkel):

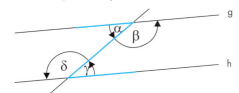

$g \parallel h$
α und γ sind Wechselwinkel
$\alpha = \gamma$
β und δ sind Wechselwinkel
$\beta = \delta$

Nachbarwinkel (E-Winkel):

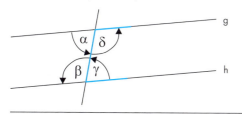

$g \parallel h$
α und β sind Nachbarwinkel
$\alpha + \beta = 180°$
γ und δ sind Nachbarwinkel
$\gamma + \delta = 180°$

FORMELSAMMLUNG MATHEMATIK

3. Spezielle Ortslinien

Mittelsenkrechte

$m_{[AB]} = \{P \mid \overline{AP} = \overline{PB}\}$

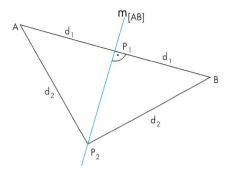

Mittelparallele

$m_{(g;h)} = \{P \mid d(P;g) = d(P;h) \land g \parallel h\}$

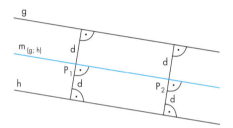

Winkelhalbierendenpaar

$w_1 \cup w_2 = \{P \mid d(P;g) = d(P;h) \land g \nparallel h\}$

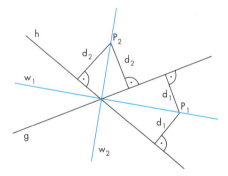

Parallelenpaar

$p_1 \cup p_2 = \{P \mid d(P;g) = a\}$

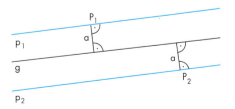

4. Kreis

Kreislinie:	$k(M;r) = \{P \mid \overline{PM} = r\}$
Kreisinneres:	$k_i(M;r) = \{P \mid \overline{PM} < r\}$
Kreisfläche:	$K(M;r) = \{P \mid \overline{PM} \leq r\}$
	$= k(M;r) \cup k_i(M;r)$
Kreisäußeres:	$k_a(M;r) = \{P \mid \overline{PM} > r\}$
Durchmesser:	$d = 2r$

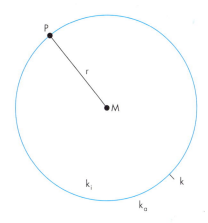

Bogen:	$\overset{\frown}{AB}$
Sekante s: (2 Schnittpunkte)	$s \cap k = \{C;D\}$
Zentrale z: (eine spezielle Sekante)	$M \in z$
Tangente t: (1 Berührpunkt)	$t \cap k = \{T\}$ $[MT] \perp t$
Passante p: (kein gemeinsamer Punkt mit dem Kreis)	$p \cap k = \emptyset$
Sehne:	$[CD], [EF]$

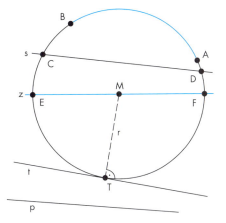

Thaleskreis

Die Eckpunkte C aller rechtwinkligen Dreiecke ABC bzw. ACB mit gemeinsamer Hypotenuse [AB] liegen auf dem Kreis über [AB] mit dem Durchmesser $\overline{AB}$.

$k_{Th} = \{C \mid \sphericalangle ACB = 90° \vee \sphericalangle BCA = 90°\}$
(A und B gehören nicht zur Ortslinie!)

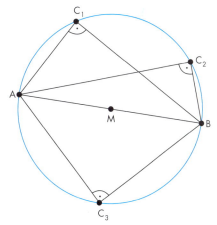

Zusammenhang zwischen Mittelpunktswinkel μ und Randwinkel γ

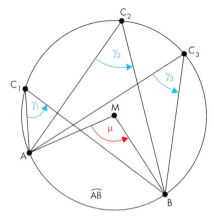

$\mu = 2 \cdot \gamma$

Randwinkel über demselben Bogen $\widehat{AB}$ sind maßgleich: $\gamma_1 = \gamma_2 = \gamma_3 = \ldots$

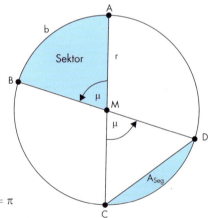

Berechnungen am Kreis

Berechnung der Kreiszahl: $\dfrac{\text{Kreisumfang}}{\text{Kreisdurchmesser}} = \pi$

Näherung der Kreiszahl: $\quad \pi = 3{,}141592\ldots$

Kreisumfang: $\quad u = 2 \cdot r \cdot \pi$

Bogenlänge: $\quad b = r \cdot \pi \cdot \dfrac{\mu}{180°}$

Kreisflächeninhalt: $\quad A_k = r^2 \cdot \pi$

Sektorflächeninhalt: $\quad A_S = r^2 \cdot \pi \cdot \dfrac{\mu}{360°}$

Inhalt des Kreissegments: $\quad A_{Seg} = A_S - A_{\triangle CDM} = \dfrac{r^2}{2}\left(\dfrac{\pi \cdot \mu}{180°} - \sin \mu\right)$

5. Dreiecke

Bezeichnungen:

Eckpunkte (Großbuchstaben) in mathematischer Drehrichtung, Seiten (Kleinbuchstaben) liegen den Eckpunkten gegenüber.

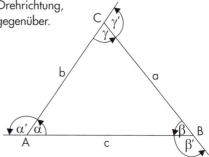

Innenwinkel: α, β, γ $\qquad \alpha + \beta + \gamma = 180°$

Außenwinkel: α', β', γ' $\qquad \alpha' + \beta' + \gamma' = 360°$

Zusammenhang zwischen
Innen- und Außenwinkeln

$\alpha' = \beta + \gamma$
$\beta' = \alpha + \gamma$
$\gamma' = \alpha + \beta$

Zusammenhang zwischen Seitenlängen
und gegenüberliegenden Winkeln

$b > a \Leftrightarrow \beta > \alpha$

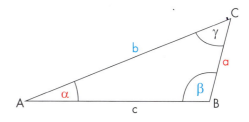

Zusammenhang zwischen Seitenlängen
(Dreiecksungleichungen)

$a + b > c$
$a + c > b$
$b + c > a$

$|a - b| < c$
$|a - c| < b$
$|b - c| < a$

FORMELSAMMLUNG MATHEMATIK

Besondere Linien im Dreieck

Mittelsenkrechte
(Umkreis mit dem Mittelpunkt M)

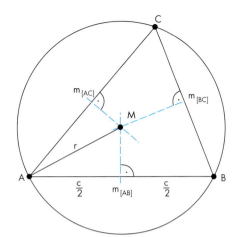

Winkelhalbierende
(Inkreis mit dem Mittelpunkt M_i)

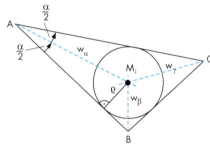

Höhe

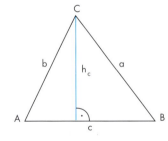
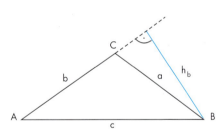

Seitenhalbierende
Koordinaten des Schwerpunktes S

$$S\left(\frac{x_A + x_B + x_C}{3} \;\Big|\; \frac{y_A + y_B + y_C}{3}\right)$$

$\overline{AS} : \overline{SM_a} = \overline{BS} : \overline{SM_b} = \overline{CS} : \overline{SM_c} = 2 : 1$

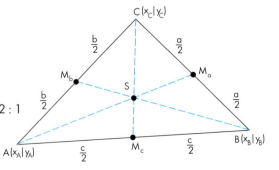

Dreieckssonderformen

Gleichschenkliges Dreieck

Basis   [AB]
Schenkel   [BC], [AC]
$a = b$
$\alpha = \beta$
$\overline{AF} = \overline{FB}$

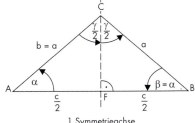

1 Symmetrieachse

Gleichseitiges Dreieck

$a = b = c$
$\alpha = \beta = \gamma = 60°$
Mittelsenkrechte, Winkelhalbierende,
Seitenhalbierende und Höhe fallen
zusammen.

Höhe

$$h = \frac{a}{2} \cdot \sqrt{3}$$

Flächeninhalt

$$A = \frac{a^2}{4} \cdot \sqrt{3}$$

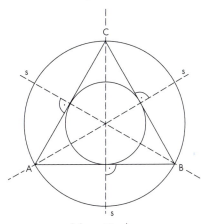

3 Symmetrieachsen

Rechtwinkliges Dreieck

Für $\gamma = 90°$ gilt:

Flächeninhalt

$$A = \frac{1}{2} \cdot c \cdot h_c = \frac{1}{2} \cdot a \cdot b$$

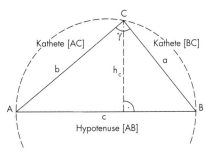

Gleichschenklig-rechtwinkliges Dreieck

Für $\gamma = 90°$ gilt:
$a = b \quad \alpha = \beta = 45°$

Höhe

$$h_c = \frac{c}{2} = \frac{a}{2}\sqrt{2}$$

Flächeninhalt

$$A = \frac{c^2}{4} = \frac{a^2}{2}$$

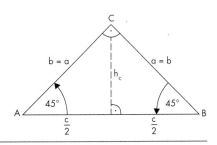

FORMELSAMMLUNG MATHEMATIK

Berechnungen am Dreieck

Flächeninhalt A

$$A = \frac{1}{2} \cdot a \cdot h_a$$

a: Grundlinie
h_a: zugehörige Höhe

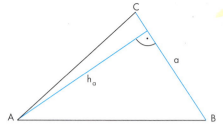

$$A = \frac{1}{2} \cdot a \cdot b \cdot \sin \gamma$$

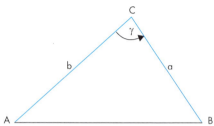

im kartesischen Koordinatensystem:

$$\vec{AB} = \begin{pmatrix} c_x \\ c_y \end{pmatrix} \quad \vec{AC} = \begin{pmatrix} b_x \\ b_y \end{pmatrix}$$

$$A = \frac{1}{2} \cdot \begin{vmatrix} c_x & b_x \\ c_y & b_y \end{vmatrix} \text{ FE}$$

$$A = \frac{1}{2} \cdot (c_x \cdot b_y - c_y \cdot b_x) \text{ FE}$$

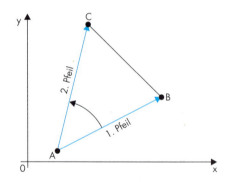

Flächensätze am rechtwinkligen Dreieck

Satz des Pythagoras (Hypotenusensatz)

$$c^2 = a^2 + b^2$$

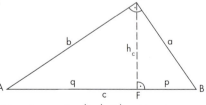

Die Höhe auf die Hypotenuse (hier h_c) teilt die Hypotenuse in die beiden Hypotenusenabschnitte: [AF], [FB] mit $\overline{AF} = q$ und $\overline{FB} = p$.

Höhensatz: $h_c^2 = p \cdot q$ **Kathetensatz:** $a^2 = c \cdot p$
$b^2 = c \cdot q$

6. Vierecke

Formeln in speziellen Vierecken

Quadrat

$a = b = c = d$
$\alpha = \beta = \gamma = \delta = 90°$
$u = 4 \cdot a \qquad A = a^2 \qquad e = a\sqrt{2}$

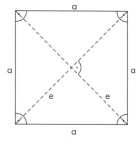

Rechteck

$a = c \qquad b = d$
$\alpha = \beta = \gamma = \delta = 90°$
$u = 2(a+b) \qquad A = a \cdot b \qquad e = \sqrt{a^2 + b^2}$

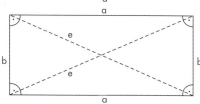

Raute

$a = b = c = d$
$\alpha = \gamma \qquad \beta = \delta$
$u = 4 \cdot a \qquad A = \dfrac{1}{2} \cdot e \cdot f$

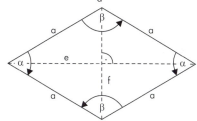

Parallelogramm

$a = c \qquad b = d$
$\alpha = \gamma \qquad \beta = \delta$
$u = 2 \cdot (a+b) \qquad A = a \cdot h_a = b \cdot h_b$

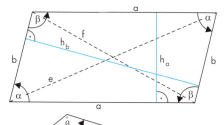

Drachenviereck

$a = d \qquad b = c$
$\beta = \delta$
$u = 2 \cdot (a+b) \qquad A = \dfrac{1}{2} \cdot e \cdot f$

Trapez

Mittellinie $m = \dfrac{a+c}{2}$
$A = \dfrac{a+c}{2} \cdot h_a = m \cdot h_a$

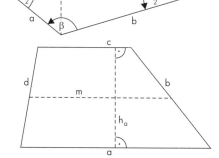

FORMELSAMMLUNG MATHEMATIK

Vierecke im Überblick

Symmetrie,
In- und Umkreise von
Vierecken im
Überblick

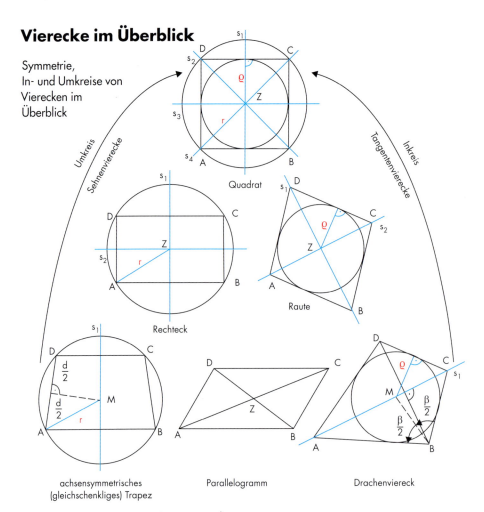

s_1, s_2, s_3, s_4:	Symmetrieachsen
Z:	Zentrum der Punktsymmetrie
Bezeichnungen:	Eckpunkte (Großbuchstaben) in mathematischer Drehrichtung, Seitenlängen (Kleinbuchstaben) in mathematischer Drehrichtung vom entsprechenden Eckpunkt ausgehend.
Seitenlängen:	$\overline{AB} = a \quad \overline{BC} = b$ $\overline{CD} = c \quad \overline{DA} = d$
Diagonalenlängen:	$\overline{AC} = e \quad \overline{BD} = f$
Winkelsumme im Viereck:	$\alpha + \beta + \gamma + \delta = 360°$
Konkaves Viereck:	Ein Innenwinkel ist größer als 180°.
Konvexes Viereck:	Jeder Innenwinkel ist kleiner als 180°.

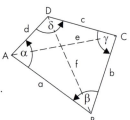

Quadrat
- gegenüberliegende Seiten sind parallel
- alle Seiten sind gleich lang
- die Diagonalen stehen aufeinander senkrecht, sind gleich lang und halbieren sich
- die 4 Innenwinkel sind maßgleich; sie werden durch die Diagonalen halbiert

Anzahl der notwendigen Bestimmungsstücke: 1

⬆   ⬆

Rechteck	**Raute**
- gegenüberliegende Seiten sind gleich lang und parallel - die Diagonalen sind gleich lang und halbieren sich gegenseitig - die 4 Innenwinkel sind maßgleich	- alle Seiten sind gleich lang - die Diagonalen stehen aufeinander senkrecht und halbieren sich gegenseitig - gegenüberliegende Winkel sind jeweils maßgleich; sie werden durch die Diagonalen halbiert
Bestimmungsstücke: 2	Bestimmungsstücke: 2

⬆   ⬆   ⬆   ⬆

achsensymmetrisches (gleichschenkliges) Trapez	**Parallelogramm**	**Drachenviereck**
- zueinander symmetrisch liegende Seiten sind gleich lang - 2 Seiten sind zueinander parallel - die Diagonalen sind gleich lang - zueinander symmetrisch liegende Winkel sind maßgleich	- gegenüberliegende Seiten sind gleich lang und parallel - gegenüberliegende Winkel sind maßgleich	- zueinander symmetrisch liegende Seiten sind gleich lang - die Diagonalen stehen aufeinander senkrecht; die Symmetrieachse halbiert eine Diagonale - zueinander symmetrisch liegende Winkel sind maßgleich; die Symmetrieachse halbiert die beiden anderen Winkel
Bestimmungsstücke: 3	Bestimmungsstücke: 3	Bestimmungsstücke: 3

⬆   ⬆   ⬆

Achsensymmetrie mit Umkreis   Punktsymmetrie   Achsensymmetrie mit Inkreis

Beliebiges Viereck

Bestimmungsstücke: 5

7. Körper

Schrägbildkonstruktion

Strecken parallel zur Zeichenebene: wahre Größe
Strecken senkrecht zur Zeichenebene: Darstellung mit Verzerrungswinkel ω und Verkürzungsverhältnis q

Größen

V	Volumen	O	Oberflächeninhalt	A_G	Grundflächeninhalt
M	Mantelflächeninhalt	h	Höhe	d	Raumdiagonale
u	Umfang				

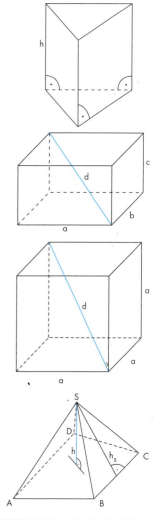

Prisma

Die Grundfläche ist ein beliebiges Vieleck.
Die Deckfläche ist kongruent zur Grundfläche und liegt parallel zu ihr.
$V = A_G \cdot h$ $\quad\quad$ $O = 2 \cdot A_G + M$

Quader

Ein gerades Prisma mit einem Rechteck als Grundfläche.
$V = a \cdot b \cdot c$
$O = 2 \cdot (a \cdot b + a \cdot c + b \cdot c)$
$d = \sqrt{a^2 + b^2 + c^2}$

Würfel

Ein reguläres Prisma mit einem Quadrat als Grundfläche. Die Höhe ist so lang wie eine Seite.
$V = a^3$ $\quad\quad$ $O = 6 \cdot a^2$
$d = a\sqrt{3}$

Pyramide

Die Grundfläche ist ein beliebiges Vieleck. Die Seitenkanten schneiden sich in der Spitze S der Pyramide.
$V = \frac{1}{3} \cdot A_G \cdot h$ $\quad\quad$ $O = A_G + M$

Zylinder

$V = r^2 \cdot \pi \cdot h$
$A_G = r^2 \cdot \pi$
$M = 2 \cdot r \cdot \pi \cdot h$
$O = 2 \cdot \pi \cdot r (r + h)$

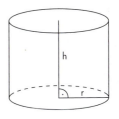

Gerader Kreiskegel

$V = \dfrac{1}{3} \cdot \pi \cdot r^2 \cdot h$

Mantellinie s:
$s^2 = r^2 + h^2$

Öffnungswinkel des Kegels φ:

$\sin \dfrac{\varphi}{2} = \dfrac{r}{s}$
$M = \pi \cdot r \cdot s$
$O = \pi \cdot r (r + s)$

Mittelpunktswinkel α der Abwicklung:

$\alpha = 360° \cdot \dfrac{r}{s}$

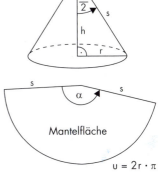

Mantelfläche

$u = 2r \cdot \pi$

Kugel

$V = \dfrac{4}{3} \cdot \pi \cdot r^3$ $O = 4 \cdot \pi \cdot r^2$

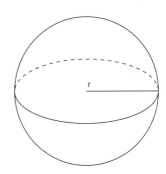

Prinzip von Cavalieri

Zwei Körper, deren Grundflächen inhaltsgleich sind und die auf derselben Ebene 𝔼 stehen, sind volumengleich, wenn sie von allen zu 𝔼 parallelen Ebenen 𝔼' in inhaltsgleichen Flächen geschnitten werden.

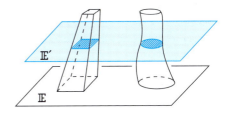

FORMELSAMMLUNG MATHEMATIK

8. Vektoren

Der Vektorbegriff

Alle Pfeile, die
- zueinander parallel
- gleich lang
- gleich orientiert

sind, bilden eine Menge.
Diese Menge heißt Vektor $\vec{v}$:

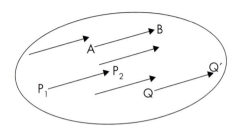

$$\vec{v} = \left\{ \overrightarrow{AB};\ \overrightarrow{P_1P_2};\ \overrightarrow{QQ'}; ... \right\}$$

Jeder Pfeil (z. B. $\overrightarrow{AB}$) ist ein Repräsentant (Vertreter) des Vektors $\vec{v}$.
Durch jeden Pfeil ist der Vektor $\vec{v}$ eindeutig bestimmt (und damit alle anderen Pfeile).

Koordinatendarstellung

$$\vec{v} = \begin{pmatrix} v_x \\ v_y \end{pmatrix}$$

Die Koordinatendarstellung $\begin{pmatrix} v_x \\ v_y \end{pmatrix}$ des Vektors $\vec{v}$ wird als Spaltenmatrix bezeichnet.

$$\begin{pmatrix} v_x \\ v_y \end{pmatrix} = \begin{pmatrix} w_x \\ w_y \end{pmatrix} \Leftrightarrow \begin{matrix} v_x = w_x \\ \wedge\ v_y = w_y \end{matrix}$$

Der Vektor $-\vec{v}$ ist der **Gegenvektor** zu $\vec{v}$. Beide sind zueinander parallel und gleich lang, haben aber entgegengesetzte Orientierung:

$$-\vec{v} = \begin{pmatrix} -v_x \\ -v_y \end{pmatrix}$$

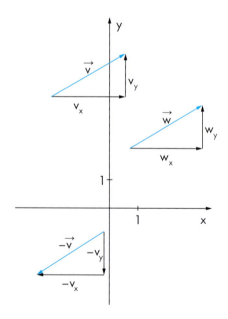

Pfeilkoordinaten

$$\vec{v} = \begin{pmatrix} x_B - x_A \\ y_B - y_A \end{pmatrix}$$

Merke: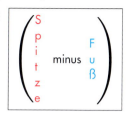

$$\begin{pmatrix} \text{Spitze} & \\ & \text{minus} & \text{Fuß} \end{pmatrix}$$

Ortspfeil

Jeder Vektor besitzt einen Repräsentanten, dessen Anfangspunkt der Ursprung des Koordinatensystems ist. Die Koordinaten des Endpunktes stimmen mit den Koordinaten des Vektors überein:

$$\overrightarrow{OB} = \begin{pmatrix} x_B \\ y_B \end{pmatrix} = \vec{v}$$

Pfeilkette (Vektorkette)

$$\overrightarrow{OB} = \overrightarrow{OA} \oplus \overrightarrow{AB}$$

Vektoraddition

$$\vec{a} \oplus \vec{b} = \vec{c}$$

$$\begin{pmatrix} a_x \\ a_y \end{pmatrix} \oplus \begin{pmatrix} b_x \\ b_y \end{pmatrix} = \begin{pmatrix} a_x + b_x \\ a_y + b_y \end{pmatrix}$$

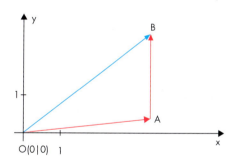

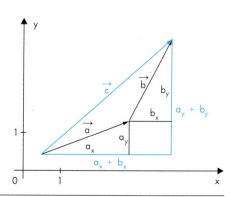

FORMELSAMMLUNG MATHEMATIK

Betrag $|\vec{a}|$ eines Vektors

$$|\vec{a}| = \sqrt{a_x^2 + a_y^2}$$

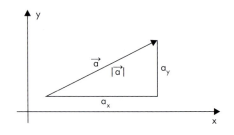

Einheitsvektor

Der Vektor $\vec{a_0}$ hat die Länge 1 LE.

$$\vec{a_0} = \frac{1}{|\vec{a}|} \cdot \vec{a}$$

Länge einer Strecke

$$\overline{AB} = \sqrt{(x_B - x_A)^2 + (y_B - y_A)^2} \text{ LE}$$

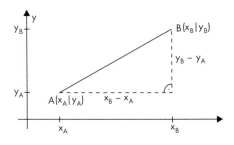

Mittelpunkt einer Strecke

$$M\left(\frac{x_A + x_B}{2} \;\middle|\; \frac{y_A + y_B}{2}\right)$$

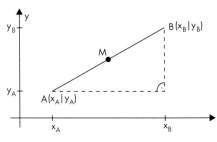

Pfeil und Gerade

Der Pfeil $\vec{v} = \begin{pmatrix} 1 \\ m \end{pmatrix}$

liegt auf der Geraden g mit $y = m \cdot x + t$

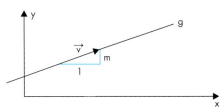

Neigungswinkel eines Pfeiles

Der Pfeil $\vec{v} = \begin{pmatrix} v_x \\ v_y \end{pmatrix}$ schließt mit der x-Achse den Neigungswinkel α ein.

Es gilt: $\tan \alpha = \dfrac{v_y}{v_x}$

S-Multiplikation –
Multiplikation eines Vektors mit einem Skalar (einer Zahl)

$\vec{a'} = k \cdot \vec{a}$ mit $k \in \mathbb{R}\setminus\{0\}$

$\vec{a'}$ und $\vec{a}$ sind zueinander parallel

$\vec{a'}$ hat die $|k|$-fache Länge von $\vec{a}$

$\vec{a'}$ hat die gleiche Orientierung wie $\vec{a}$, wenn $k > 0$

$\vec{a'}$ hat die entgegengesetzte Orientierung wie $\vec{a}$, wenn $k < 0$

$k \cdot \begin{pmatrix} a_x \\ a_y \end{pmatrix} = \begin{pmatrix} k \cdot a_x \\ k \cdot a_y \end{pmatrix}$

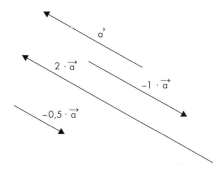

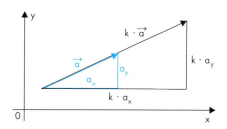

Skalarprodukt –
Multiplikation eines Vektors $\vec{a}$ mit einem Vektor $\vec{b}$

$\vec{a} \odot \vec{b} = \begin{pmatrix} a_x \\ a_y \end{pmatrix} \odot \begin{pmatrix} b_x \\ b_y \end{pmatrix} = a_x \cdot b_x + a_y \cdot b_y$

Winkel zwischen zwei Vektoren:

$$\cos \varphi = \frac{a_x \cdot b_x + a_y \cdot b_y}{\sqrt{a_x^2 + a_y^2} \cdot \sqrt{b_x^2 + b_y^2}}$$

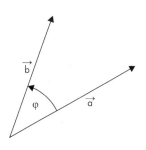

für $\varphi = 90°$ (orthogonale Vektoren):

$\vec{a} \odot \vec{b} = 0$

Gesetze für das Rechnen mit Vektoren

Assoziativgesetz der Addition:

$(\vec{a} \oplus \vec{b}) \oplus \vec{c} \qquad = \qquad \vec{a} \oplus (\vec{b} \oplus \vec{c})$

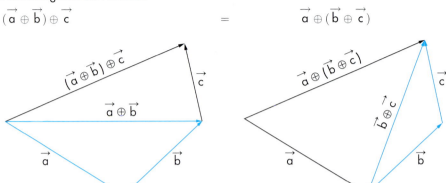

Kommutativgesetz der Addition:

$\vec{a} \oplus \vec{b} = \vec{b} \oplus \vec{a}$

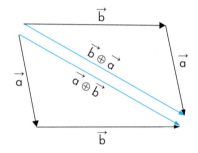

Kommutativgesetz für das Skalarprodukt: $\quad \vec{a} \odot \vec{b} = \vec{b} \odot \vec{a}$

gemischtes Assoziativgesetz: $\quad k \cdot (\vec{a} \odot \vec{b}) = (k \cdot \vec{a}) \odot \vec{b}$
mit $k \in \mathbb{R}$

Distributivgesetze:
mit $k, m \in \mathbb{R}$

$\vec{a} \odot (\vec{b} \oplus \vec{c}) = \vec{a} \odot \vec{b} + \vec{a} \odot \vec{c}$

$k \cdot (\vec{a} \oplus \vec{b}) = k \cdot \vec{a} \oplus k \cdot \vec{b}$

$(k + m) \cdot \vec{a} = k \cdot \vec{a} \oplus m \cdot \vec{a}$

9. Trigonometrie

Punkte P $(x_P|y_P)$ mit $\overline{OP} = 1$ LE liegen auf dem Einheitskreis.

Definitionen am Einheitskreis: $\mathbb{G} = [0°; 360°[$

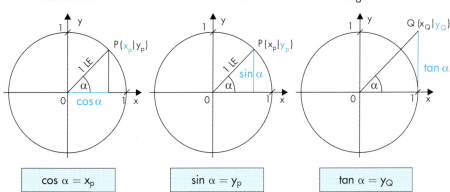

Kosinus von α | Sinus von α | Tangens von α

$$\cos \alpha = x_P \qquad \sin \alpha = y_P \qquad \tan \alpha = y_Q$$

$$\tan \alpha = \frac{\sin \alpha}{\cos \alpha} = m_{OQ}$$

(m: Steigungsfaktor)

Kartesische Koordinaten   Polarkoordinaten

Für beliebige Punkte A gilt:

$A(x|y)$
$A(r \cdot \cos \alpha \,|\, r \cdot \sin \alpha)$
$\overrightarrow{OA} = \begin{pmatrix} r \cdot \cos \alpha \\ r \cdot \sin \alpha \end{pmatrix}$

$A(r|\alpha)$

Für Punkte P auf dem Einheitskreis (r = 1 LE) gilt:

$P(\cos \alpha \,|\, \sin \alpha)$
$\overrightarrow{OP} = \begin{pmatrix} \cos \alpha \\ \sin \alpha \end{pmatrix}$

$P(1|\alpha)$

Für Punkte Q gilt:

$Q(1|\tan \alpha)$
$\overrightarrow{OQ} = \begin{pmatrix} 1 \\ \tan \alpha \end{pmatrix}$

$Q\left(\dfrac{1}{\cos \alpha} \,\big|\, \alpha\right)$

Umrechnung von kartesischen Koordinaten und Polarkoordinaten:

x-Koordinate: $x = r \cdot \cos \alpha$

y-Koordinate: $y = r \cdot \sin \alpha$

Radius: $r = \sqrt{x^2 + y^2}$

Winkel: $\tan \alpha = \dfrac{y}{x}$; $x \neq 0$

Funktionswerte für besondere Winkel:

α	0°	30°	45°	60°	90°	120°	135°	150°	180°	270°	360°
sin α	0	$\frac{1}{2}$	$\frac{1}{2}\sqrt{2}$	$\frac{1}{2}\sqrt{3}$	1	$\frac{1}{2}\sqrt{3}$	$\frac{1}{2}\sqrt{2}$	$\frac{1}{2}$	0	-1	0
cos α	1	$\frac{1}{2}\sqrt{3}$	$\frac{1}{2}\sqrt{2}$	$\frac{1}{2}$	0	$-\frac{1}{2}$	$-\frac{1}{2}\sqrt{2}$	$-\frac{1}{2}\sqrt{3}$	-1	0	1
tan α	0	$\frac{1}{3}\sqrt{3}$	1	$\sqrt{3}$	—	$-\sqrt{3}$	-1	$-\frac{1}{3}\sqrt{3}$	0	—	0

Vorzeichen der trigonometrischen Terme (Quadrantenregel):

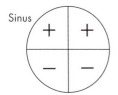
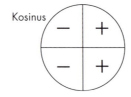
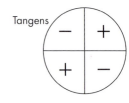

Supplementwinkel:

Für $0° < \alpha < 90°$ gilt

sin α	cos α	tan α
$\sin(180° - \alpha) = +\sin\alpha$ $\sin(180° + \alpha) = -\sin\alpha$ $\sin(360° - \alpha) = -\sin\alpha$	$\cos(180° - \alpha) = -\cos\alpha$ $\cos(180° + \alpha) = -\cos\alpha$ $\cos(360° - \alpha) = +\cos\alpha$	$\tan(180° - \alpha) = -\tan\alpha$ $\tan(180° + \alpha) = +\tan\alpha$ $\tan(360° - \alpha) = -\tan\alpha$

Komplementwinkel:

$\sin(90° - \alpha) = \cos\alpha$
$\cos(90° - \alpha) = \sin\alpha$
$\tan(90° - \alpha) = \dfrac{1}{\tan\alpha}$

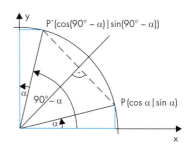

Funktionswerte für negative Winkelmaße:

$\sin(-\alpha) = -\sin\alpha$
$\cos(-\alpha) = +\cos\alpha$
$\tan(-\alpha) = -\tan\alpha$

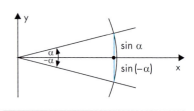

Wichtige Beziehungen zwischen den trigonometrischen Termen
(Goniometrische Grundformeln)

$\sin^2 \alpha + \cos^2 \alpha = 1$ und $\tan \alpha = \dfrac{\sin \alpha}{\cos \alpha}$ $\quad \cos \alpha \neq 0$

Umrechnungen
Für $0° < \alpha < 90°$:

$$\sin \alpha = \sqrt{1 - \cos^2 \alpha} = \dfrac{\tan \alpha}{\sqrt{1 + \tan^2 \alpha}}$$

$$\cos \alpha = \sqrt{1 - \sin^2 \alpha} = \dfrac{1}{\sqrt{1 + \tan^2 \alpha}}$$

$$\tan \alpha = \dfrac{\sin \alpha}{\sqrt{1 - \sin^2 \alpha}} = \dfrac{\sqrt{1 - \cos^2 \alpha}}{\cos \alpha}$$

Für Winkelmaße α größer 90° müssen die Vorzeichen mit der Quadrantenregel zusätzlich bestimmt werden.

Additionstheoreme

Winkelsumme

$$\sin (\alpha + \beta) = \sin \alpha \cdot \cos \beta + \cos \alpha \cdot \sin \beta$$
$$\cos (\alpha + \beta) = \cos \alpha \cdot \cos \beta - \sin \alpha \cdot \sin \beta$$
$$\tan (\alpha + \beta) = \dfrac{\sin (\alpha + \beta)}{\cos (\alpha + \beta)}$$
$$\tan (\alpha + \beta) = \dfrac{\tan \alpha + \tan \beta}{1 - \tan \alpha \cdot \tan \beta}$$

($\tan \alpha \cdot \tan \beta \neq 1$)

Winkeldifferenz

$$\sin (\alpha - \beta) = \sin \alpha \cdot \cos \beta - \cos \alpha \cdot \sin \beta$$
$$\cos (\alpha - \beta) = \cos \alpha \cdot \cos \beta + \sin \alpha \cdot \sin \beta$$
$$\tan (\alpha - \beta) = \dfrac{\sin (\alpha - \beta)}{\cos (\alpha - \beta)}$$
$$\tan (\alpha - \beta) = \dfrac{\tan \alpha - \tan \beta}{1 + \tan \alpha \cdot \tan \beta}$$

($\tan \alpha \cdot \tan \beta \neq -1$)

Doppeltes Winkelmaß

$$\sin 2\alpha = 2 \sin \alpha \cdot \cos \alpha$$

$$\cos 2\alpha = \cos^2 \alpha - \sin^2 \alpha = 1 - 2 \sin^2 \alpha = 2 \cos^2 \alpha - 1$$

$$\tan 2\alpha = \dfrac{2 \cdot \tan \alpha}{1 - \tan^2 \alpha}$$

($\tan^2 \alpha \neq 1$)

Halbes Winkelmaß

$$\left| \sin \dfrac{\alpha}{2} \right| = \sqrt{\dfrac{1 - \cos \alpha}{2}}$$

$$\left| \cos \dfrac{\alpha}{2} \right| = \sqrt{\dfrac{1 + \cos \alpha}{2}}$$

$$\left| \tan \dfrac{\alpha}{2} \right| = \sqrt{\dfrac{1 - \cos \alpha}{1 + \cos \alpha}}$$

($\cos \alpha \neq -1$)

Berechnungen im rechtwinkligen Dreieck

Die Definitionen von Sinus, Kosinus und Tangens als Streckenverhältnisse gelten nur im rechtwinkligen Dreieck.

$$\sin \alpha = \frac{\text{Länge der Gegenkathete}}{\text{Länge der Hypotenuse}} \qquad \cos \alpha = \frac{\text{Länge der Ankathete}}{\text{Länge der Hypotenuse}} \qquad \tan \alpha = \frac{\text{Länge der Gegenkathete}}{\text{Länge der Ankathete}}$$

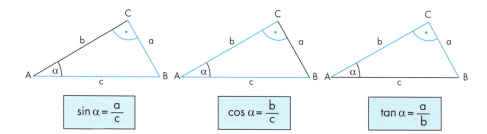

$$\sin \alpha = \frac{a}{c} \qquad \cos \alpha = \frac{b}{c} \qquad \tan \alpha = \frac{a}{b}$$

Berechnungen im beliebigen Dreieck ($\alpha, \beta, \gamma \in\,]0°;\,180°[$)

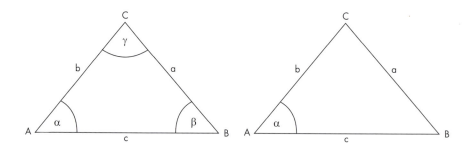

Sinussatz

$$\frac{a}{\sin \alpha} = \frac{b}{\sin \beta} = \frac{c}{\sin \gamma}$$

Kosinussatz

$$a^2 = b^2 + c^2 - 2 \cdot b \cdot c \cdot \cos \alpha$$

Darstellung der trigonometrischen Funktionen

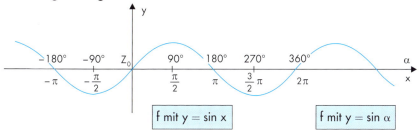

Definitionsmenge: $\mathbb{D}(x) = \mathbb{R}$

Wertemenge: $\mathbb{W}(y) = \{y \mid -1 \leq y \leq 1\}$ $\mathbb{W}(y) = \{y \mid -1 \leq y \leq 1\}$

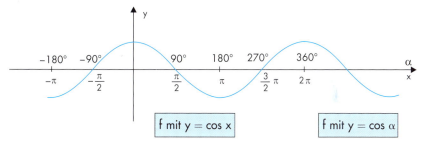

Definitionsmenge: $\mathbb{D}(x) = \mathbb{R}$

Wertemenge: $\mathbb{W}(y) = \{y \mid -1 \leq y \leq 1\}$ $\mathbb{W}(y) = \{y \mid -1 \leq y \leq 1\}$

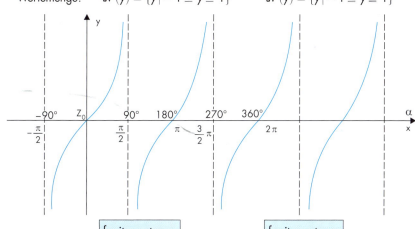

Definitionsmenge: $\mathbb{D}(x) = \mathbb{R} \setminus \left\{ \dfrac{\pi}{2} + k \cdot \pi \right\}$ $k \in \mathbb{Z}$

Wertemenge: $\mathbb{W}(y) = \mathbb{R}$ $\mathbb{W}(y) = \mathbb{R}$

Asymptoten: $x = \dfrac{\pi}{2} + k \cdot \pi$ $\alpha = 90° + k \cdot 180°$

10. Abbildungen

Durch die Abbildungsvorschrift wird jedem Punkt P (Urpunkt) der Zeichenebene umkehrbar eindeutig genau ein **Punkt P'** (Bildpunkt) der Zeichenebene zugeordnet.

Fixpunkte: Punkte, die auf sich selbst abgebildet werden.
$P'(x'|y') = P(x|y)$ mit $x = x' \wedge y = y'$
Fixpunktgerade: Jeder Punkt der Geraden ist ein Fixpunkt.
Fixgerade: Die Urpunkte und ihre Bildpunkte liegen auf derselben Geraden. Ur- und Bildpunkte müssen jedoch nicht identisch sein.

Verknüpfung einer Matrix mit einem Vektor:

$$\begin{pmatrix} a & b \\ c & d \end{pmatrix} \odot \begin{pmatrix} e \\ f \end{pmatrix} = \begin{pmatrix} a \cdot e + b \cdot f \\ c \cdot e + d \cdot f \end{pmatrix}$$

Achsenspiegelung

Konstruktionsbeschreibung:
1. Der Bildpunkt P' liegt auf einer senkrechten Geraden zur Spiegelachse a durch den Urpunkt P.
2. P' hat denselben Abstand d von der Spiegelachse a wie P.

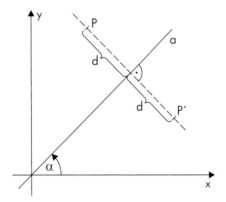

Abbildungsgleichung (Die Spiegelachse a ist eine Ursprungsgerade):
α ist der Winkel zwischen der Spiegelachse und der x-Achse:

$$\begin{pmatrix} x' \\ y' \end{pmatrix} = \begin{pmatrix} \cos 2\alpha & \sin 2\alpha \\ \sin 2\alpha & -\cos 2\alpha \end{pmatrix} \odot \begin{pmatrix} x \\ y \end{pmatrix} \quad \Leftrightarrow \quad \begin{vmatrix} x' = \cos 2\alpha \cdot x + \sin 2\alpha \cdot y \\ \wedge\, y' = \sin 2\alpha \cdot x - \cos 2\alpha \cdot y \end{vmatrix}$$

Matrixform   Koordinatenform

Drehung

Konstruktionsbeschreibung:
1. Der Bildpunkt P' liegt auf einem Kreis mit dem Mittelpunkt Z und dem Radius $r = \overline{ZP}$.
2. Die Strecken [ZP] und [ZP'] schließen den Drehwinkel α ein mit $\alpha \in [-360°; 360°]$.

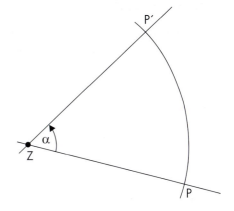

Abbildungsgleichung (Das Zentrum Z ist der Koordinatenursprung):

$$\begin{pmatrix} x' \\ y' \end{pmatrix} = \begin{pmatrix} \cos \alpha & -\sin \alpha \\ \sin \alpha & \cos \alpha \end{pmatrix} \odot \begin{pmatrix} x \\ y \end{pmatrix} \quad \Leftrightarrow \quad \begin{vmatrix} x' = \cos \alpha \cdot x - \sin \alpha \cdot y \\ \wedge \, y' = \sin \alpha \cdot x + \cos \alpha \cdot y \end{vmatrix}$$

Matrixform   Koordinatenform

Parallelverschiebung

Konstruktionsbeschreibung:
An den Urpunkt P wird der Fuß des Verschiebungsvektors $\vec{v}$ angelegt. An dessen Spitze liegt der Bildpunkt P'.

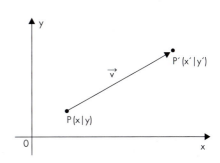

Abbildungsgleichung:

$$\begin{pmatrix} x' \\ y' \end{pmatrix} = \begin{pmatrix} 1 & 0 \\ 0 & 1 \end{pmatrix} \odot \begin{pmatrix} x \\ y \end{pmatrix} \oplus \begin{pmatrix} v_x \\ v_y \end{pmatrix} \quad \Leftrightarrow \quad \begin{vmatrix} x' = x + v_x \\ \wedge \, y' = y + v_y \end{vmatrix} \quad \Leftrightarrow \quad \overrightarrow{OP'} = \overrightarrow{OP} \oplus \vec{v}$$

Matrixform   Koordinatenform   Vektorform

Zentrische Streckung

Konstruktionsbeschreibung:

1. Der Bildpunkt P' liegt auf der Geraden, die durch den Urpunkt P und das Zentrum Z geht.

2. $\overrightarrow{ZP'} = k \cdot \overrightarrow{ZP}$ mit $k \in \mathbb{R}\setminus\{0\}$
P' hat von Z den $|k|$-fachen Abstand wie P.

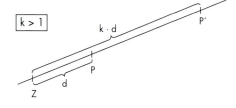

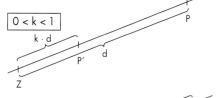

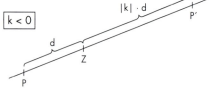

Abbildungsgleichung
für das Zentrum Z (0|0):

$$\begin{pmatrix} x' \\ y' \end{pmatrix} = \begin{pmatrix} k & 0 \\ 0 & k \end{pmatrix} \odot \begin{pmatrix} x \\ y \end{pmatrix} \Leftrightarrow \begin{array}{c} x' = k \cdot x \\ \wedge \; y' = k \cdot y \end{array} \Leftrightarrow \overrightarrow{ZP'} = k \cdot \overrightarrow{ZP}$$

Matrixform　　　　　　　　Koordinatenform　　Vektorform

Vierstreckensatz

Eine Folgerung aus der zentrischen Streckung

[PQ] ∥ [P'Q']

$$\dfrac{\overline{ZP'}}{\overline{ZP}} = \dfrac{\overline{ZQ'}}{\overline{ZQ}}$$

$$\dfrac{\overline{P'Q'}}{\overline{PQ}} = \dfrac{\overline{ZP'}}{\overline{ZP}}$$

$$\dfrac{\overline{PP'}}{\overline{ZP}} = \dfrac{\overline{QQ'}}{\overline{ZQ}}$$

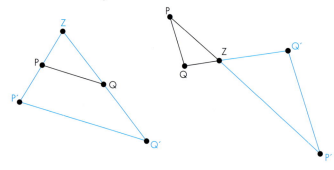

Orthogonale Affinität

Konstruktionsbeschreibung:

1. Der Bildpunkt P′ liegt auf einer senkrechten Geraden zur Affinitätsachse a durch den Urpunkt P (Schnittpunkt F).

2. $\overrightarrow{FP'} = k \cdot \overrightarrow{FP}$ mit $k \in \mathbb{R}\setminus\{0\}$
   P′ hat von der Affinitätsachse a den $|k|$-fachen Abstand wie P.

Abbildungsgleichung (Die x-Achse ist Affinitätsachse):

$$\begin{pmatrix} x' \\ y' \end{pmatrix} = \begin{pmatrix} 1 & 0 \\ 0 & k \end{pmatrix} \odot \begin{pmatrix} x \\ y \end{pmatrix} \Leftrightarrow \begin{vmatrix} x' = x \\ \wedge\ y' = k \cdot y \end{vmatrix}$$

Matrixform   Koordinatenform

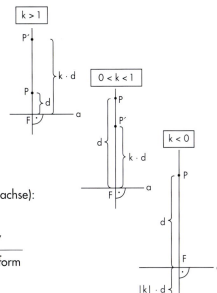

Abbildungen im Überblick

	Achsenspiegelung	Drehung
Bestimmungsstücke	Spiegelachse a	Drehzentrum Z Drehwinkel α
Abbildungsvorschrift	$P \stackrel{a}{\mapsto} P'$	$P \stackrel{Z;\,\alpha}{\mapsto} P'$
Umkehrabbildung	$P' \stackrel{a}{\mapsto} P$ (an derselben Achse)	$P' \stackrel{Z;\,-\alpha}{\mapsto} P$
Fixpunkte	jeder Punkt auf a	Z
Fixpunktgerade	Spiegelachse a	
Fixgerade	alle senkrechten Geraden zu a und a selbst	
Eigenschaften		
Identität (alle Punkte sind Fixpunkte)		für $\alpha = 0°$ $\vee\ \alpha = 360°$
Verknüpfung von Achsenspiegelungen mit den Achsen a_1 und a_2		$a_1 \cap a_2 = \{Z\}$

Eigenschaften:

Kongruenzabbildung: Eigenschaften siehe Ähnlichkeitsabbildung
zusätzlich: längentreu, flächentreu

Ähnlichkeitsabbildung: geradentreu, kreistreu, parallelentreu, winkeltreu, verhältnistreu, mittelpunktstreu

Parallelverschiebung	Zentrische Streckung	Orthogonale Affinität
Verschiebungsvektor $\vec{v}$	Zentrum Z Streckungsfaktor $k \in \mathbb{R}\setminus\{0\}$	Affinitätsachse a Affinitätsmaßstab k
$P \xrightarrow{\vec{v}} P'$	$P \xrightarrow{Z;\,k} P'$	$P \xrightarrow{a;\,k} P'$
$P' \xrightarrow{-\vec{v}} P$ mit dem Gegenvektor	$P' \xrightarrow{Z;\,\frac{1}{k}} P$	$P' \xrightarrow{a;\,\frac{1}{k}} P$
	Z	jeder Punkt auf a
		Affinitätsachse a
alle parallelen Geraden zu $\vec{v}$	alle Geraden durch Z	alle senkrechten Geraden zu a und a selbst
		geradentreu, parallelentreu, mittelpunktstreu
$\vec{v} = \begin{pmatrix} 0 \\ 0 \end{pmatrix}$	für $k = 1$	für $k = 1$

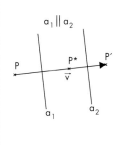

Die Verknüpfung von Kongruenzabbildungen mit einer zentrischen Streckung ist eine Ähnlichkeitsabbildung.

Kongruenz und Ähnlichkeit

Skizze	Dreiecke sind kongruent (deckungsgleich), wenn sie übereinstimmen in	Satz	Dreiecke sind ähnlich, wenn sie übereinstimmen in	Skizze
	der Länge der 3 Seiten	SSS	dem Verhältnis der 3 Seiten	
	der Länge zweier Seiten und dem Maß des eingeschlossenen Winkels	SWS	dem Verhältnis zweier Seiten und dem Maß des eingeschlossenen Winkels	
	der Länge zweier Seiten und dem Maß des Gegenwinkels der größeren von beiden Seiten	SSW_g	dem Verhältnis zweier Seiten und dem Maß des Gegenwinkels der größeren von beiden Seiten	
	der Länge einer Seite und dem Maß der beiden anliegenden Winkel Der 3. Winkel kann berechnet werden: $\alpha + \beta + \gamma = 180°$	WSW	dem Maß von zwei Winkeln	

Daten und Zufall

Begriffe bei Zufallsexperimenten

Absolute und relative Häufigkeit

Bei einem n-mal durchgeführten Zufallsexperiment, bei dem ein Ereignis k-mal eintritt, heißt die Zahl k absolute Häufigkeit und der Anteil $\frac{k}{n}$ relative Häufigkeit des Ereignisses.

Ergebnisraum

Der Ergebnisraum ist die Menge der Ergebnisse, die in einem Zufallsexperiment möglich sind.

Laplace-Experiment

Für ein Experiment, bei dem alle Fälle gleich wahrscheinlich sind, gilt:

Laplace-Wahrscheinlichkeit

$$\text{Laplace-Wahrscheinlichkeit} = \frac{\text{Anzahl der günstigen Fälle}}{\text{Anzahl der möglichen Fälle}}$$

Pfadregeln

Produktregel

Die Wahrscheinlichkeit für das Eintreten eines Ereignisses ist gleich dem Produkt der Wahrscheinlichkeiten längs dieses Pfades (Pfadwahrscheinlichkeit).

Summenregel

Die Wahrscheinlichkeit eines Ergebnisses, das auf mehreren Pfaden im Baumdiagramm erreicht werden kann, ist gleich der Summe der einzelnen Pfadwahrscheinlichkeiten.

Statistische Kenngrößen

Median (Zentralwert)
Ordnet man (metrische) Daten der Größe nach, dann ist der Median bei ungerader Anzahl von Größen der in der Mitte liegende Wert und bei einer geraden Anzahl das arithmetische Mittel der beiden in der Mitte liegenden Werte.

Modalwert
Der Modalwert ist derjenige Wert einer Datenmenge, der am häufigsten vorkommt.

Spannweite
Die Spannweite ist die Differenz zwischen dem größten und dem kleinsten Wert einer Datenmenge.

Rechnerische Auswertung von Datenmengen
Ergebnisse/Fälle eines Zufallsexperiments: $x_1, x_2, x_3 \ldots x_n$
Anzahl der Ergebnisse/Fälle: n

Arithmetisches Mittel

$$a = \frac{x_1 + x_2 + \ldots + x_n}{n}$$

Geometrisches Mittel

$$z = \sqrt{x_1 \cdot x_2} \quad \text{mit} \quad x_1 \cdot x_2 > 0$$

Varianz

$$V = \frac{(x_1 - a)^2 + (x_2 - a)^2 + \ldots + (x_n - a)^2}{n}$$

Standardabweichung

$$s = \sqrt{V}$$

Anhang

Griechische Buchstaben

Griechischer Buchstabe		Name des Buchstaben	Griechischer Buchstabe		Name des Buchstaben
A	α	Alpha	N	ν	Ny
B	β	Beta	Ξ	ξ	Xi
Γ	γ	Gamma	O	o	Omikron
Δ	δ	Delta	Π	π	Pi
E	ε	Epsilon	P	ϱ	Rho
Z	ζ	Zeta	Σ	σ	Sigma
H	η	Eta	T	τ	Tau
Θ	ϑ	Theta	Y	υ	Ypsilon
I	ι	Iota	Φ	φ	Phi
K	κ	Kappa	X	χ	Chi
Λ	λ	Lambda	Ψ	ψ	Psi
M	μ	My	Ω	ω	Omega

Zahlensysteme

Additive Zahlensysteme

Römische Zahlen

M	D	C	L	X	V	I
1000	500	100	50	10	5	1

I, X und C dürfen nicht mehr als dreimal,
M darf beliebig oft nebeneinanderstehen;
V, L und D dürfen nur einmal vorkommen.

Die Einheiten werden von links nach rechts kleiner:

Stehen kleinere Einheiten links von einer größeren, dann werden sie von der größeren abgezogen.

Stellenwertsysteme

Dezimalsystem (Basis: 10)

... | 10^5 | 10^4 | 10^3 | 10^2 | 10^1 | 10^0

Dualsystem (Basis: 2)

... | 2^7 | 2^6 | 2^5 | 2^4 | 2^3 | 2^2 | 2^1 | 2^0

Register Mathematik

Abbildungen 58
Absolute Häufigkeit 65
absoluter Betrag 15
Abszisse 26
Achsenspiegelung 58, 62
Achsensymmetrie 45
Addition 14
– von Brüchen 15
– von Vektoren 49
Additionstheorem 55
Additionsverfahren 22
Affinität, orthogonale 61, 63
Affinitätsachse 61, 63
Affinitätsmaßstab 63
Ähnlichkeitsabbildung 62, 63
Ähnlichkeitssätze 64
Ankathete 56
Äquivalenz 19
Äquivalenzumformung
– von Termen 19
Arithmetisches Mittel 66
Assoziativgesetz
–, Addition 14
–, Multiplikation 14
Asymptote 32
Auflösen von Klammern 15
Ausklammern 19
Ausmultiplizieren 19
Außenwinkel 39

Basis
–, gleichschenkliges Dreieck 41
–, Logarithmus 18
–, Potenz 16
Berührpunkt 24
Betrag, absoluter 15
–, einer Zahl 15
–, von Vektoren 50
Betragsgleichungen 20
Betragsungleichungen 20
Binomische Formeln 19
Bogen, Kreis- 37
Bogenlänge 38
Brüche-Rechenregeln 15
Bruchgleichungen 20
Bruchungleichungen 20
Büschelpunkt 29

Cavalieri, Prinzip von 47

Deckungsgleich 64
Definitionsmenge 26
Determinante 23
Determinantenverfahren 23
Diagonale 45
Differenz 14
direkte Proportionalität 25
Diskriminante 20, 24
Distributivgesetz 14
–, von Vektoren 52
Dividend 12
Division 14
– von Brüchen 15
Divisor 14
Drachenviereck 43, 44
Drehrichtung 39, 44
Drehung 59, 62
Drehwinkel 59, 62
Drehzentrum 59, 62
Dreieck
–, allgemeines 39
–, Außenwinkel 39
–, Flächeninhalt 42
–, gleichschenkliges 41
–, gleichschenklig-
 rechtwinkliges 41
–, gleichseitiges 41
–, Höhe 40
–, Inkreis 40
–, Innenwinkel 39
–, rechtwinkliges 41
–, Umkreis 40
Dreiecksungleichung 39
Durchmesser 37

Ebene 34
Einheitskreis 53
Einheitsvektor 50
Einsetzungsverfahren 22
Element
–, inverses 14
–, neutrales 14
Ergebnisraum 65
Erweitern von Brüchen 15
E-Winkel 35
Exponent
– einer Potenz 16

– einer Wurzel 17
Exponentialfunktion 33
–, Graph 33

Faktor 14
Faktorisieren 19
Fixgerade 62, 63
Fixpunkt 62, 63
Fixpunktgerade 62, 63
Flächeninhalt
–, Dreieck 42
–, Kreis 37, 38
–, Viereck 43
Flächensätze
– im rechtwinkligen Dreieck 42
Flächentreue 62
Funktion 26
–, Graph 26
–, Gleichung einer 26
–, lineare 27
–, Normalform, linear 27
–, quadratische 30
–, Term 26
–, umkehrbare 26
–, Wert 26
F-Winkel 35

Gegenkathete 56
Gegenvektor 48
Gegenzahl 14
Geometrisches Mittel 66
Geordnete Paare 26
Gerade 34
–, orthogonale 28, 34
–, parallele 28, 34
– und Pfeil 50
Geradenbüschel 29
Geradengleichung 27, 28, 29
Geradentreue 62, 63
Gleichsetzungsverfahren 22
Gleichung
–, Verknüpfung 19
Gleichung, quadratische 20
–, allgemeine Form 20
–, graphische Lösung 21
–, Normalform 20
Gleichungssystem
–, lineares 22
–, quadratisches 24

Goniometrische Grundformeln 55
Griechische Buchstaben 67
Grundflächeninhalt 46
Grundformeln, goniometrische 55
Grundmenge 26
Grundrechenarten 14
Grundwert 25
Grundzahl 16

Halbebene 34
Halbgerade 34
Hochzahl 16
Höhe im Dreieck 40
Höhensatz 42
Hyperbel
– gerader Ordnung 31
– n-ter Ordnung 31
– ungerader Ordnung 31
Hypotenuse 41
Hypotenusenabschnitt 42
Hypotenusensatz 42

Identität 62, 63
indirekte Proportionalität 25
Inkreis 40, 44
Innenwinkel
– im Dreieck 39
– im Viereck 44
Intervall 8
Inverses Element 14
Inversionsgesetz 19

Kapital 25
kartesische Koordinaten 53
Kathete 41
Kathetensatz 42
Kegel 47
Kehrwert 14
Kommutativgesetz der
– Addition 14
– Multiplikation 14
– Vektoren 52
Komplementwinkel 54
Komponenten 12, 26
Kongruenzabbildung 62, 64
Kongruenzsätze 64
Konkaves Viereck 44
Konvexes Viereck 44

Koordinaten
–, diagramm 26
–, kartesische 53
–, Polar 53
Körper 46
Kosinus
–, Definition 53, 56
–, Funktion 57
–, Graph 57
–, Satz 56
Kreis
– Äußeres 37
– Bogen 37, 38
– Fläche 37, 38
– inneres 37
– Kegel 47
– Linie 37
– Segment 38
– Sektor 38
– Umfang 38
– Zahl 38
Kreistreue 62
Kreiszylinder 47
Kugel 47
Kürzen von Brüchen 15

Länge
– einer Strecke 50
– eines Kreisbogens 38
– eines Vektors 50
Längentreue 62
Laplace-Experiment 65
Laplace-Wahrscheinlichkeit 65
lineare Funktion 27
Lineares Gleichungssystem 22
Logarithmen
–, Definition 18
–, Rechenregeln 18
–, Zehner 18
Logarithmusfunktion 33
Lösungsformel 20
Lösungsmenge 26

Mantelflächeninhalt 46, 47
Mantellinie 47
Matrix 58
Maximum 30
Median 66
Mengen 12
Minimum 30
Minuend 14

Mittellinie 43
Mittelparallele 36
Mittelpunkt einer Strecke 50
Mittelpunktstreue 62, 63
Mittelpunktswinkel 38, 47
Mittelsenkrechte 36, 40
Mittelwert, arithmetischer 66
–, geometrischer 66
Modalwert 66
Multiplikation 14
– Brüche 15
– Matrix und Vektor 58
– Summenterme 19
– Vektor und Skalar 51
– Vektor und Vektor 51

Nachbarwinkel 35
Nebenwinkel 35
Neigungswinkel 50
Neutrales Element 14
Normalform
– lineare Funktion 27
– Quadratische Gleichung 20
– quadratische Funktion 30
Normalparabel 30
n-te Wurzel 17
Nullstelle 21, 27
Numerus 18

Oberflächeninhalt 46, 47
Öffnungswinkel 47
Ordinate 26
orthogonale
– Affinität 61, 63
– Geraden 28
– Pfeile 51
– Vektoren 51
Ortslinie 34, 36
Ortspfeil 49

Paare, geordnete 26
Paarmenge 26
Parabel 30
– gerader Ordnung 31
– n-ter Ordnung 31
– und Gerade 24
– ungerader Ordnung 31
Parabelschar 24
parallele Geraden 28
Parallelenpaar 36
Parallelenschar 29

Parallelentreue 62, 63
Parallelogramm 43, 44
Parallelverschiebung 59, 63
Parameter 29
Passante 37
– einer Parabel 24
Pfadregeln 65
Pfeil 48
Pfeilkette 49
Polarkoordinaten 53
Potenzen 14, 16
Potenzfunktion
–, allgemeine 32
–, n-ter Ordnung 30
Potenzgesetze 16
Potenzwert 16
Prisma 46
Produkt 14
–, skalares 51, 52
produktgleich 25
Produktgleichungen 20
Produktmenge 12, 26
Produktregel 65
Produktungleichungen 20
Promille 25
Proportionalität 25
–, direkte 25
–, indirekte 25
Proportionalitätsfaktor 25
Prozentrechnung 25
Prozentsatz 25
Prozentwert 25
Punktsteigungsform 28
Punktsymmetrie 45
Pyramide 46
Pythagoras, Satz des 42

Quader 46
Quadrantenregel 54
Quadrat 43, 44
quadratische
– Funktion 30
– Gleichung 20
Quadratwurzel 17
–, Definition 17
–, Rechenregeln 17
Quadratwurzelfunktion 32
Quotient 14
quotientengleich 25

Radikand 17
Radius 37
Radizieren 17
Randwinkel 38
Raumdiagonale 46
Raute 43, 44
Rechengesetze 14
Rechenzeichen 14
Rechnen mit
– Brüchen 15
– Logarithmen 18
– negativen Zahlen 14
– Potenzen 16
– Wurzeln 17
Rechteck 43, 44
Relation 26
–, Graph 26
Relative Häufigkeit 65
Repräsentant 48

Scheitel eines Winkels 34
Scheitelform 30
Scheitelpunkt 30
Scheitelpunktsgleichung 30
Scheitelwinkel 35
Schenkel 34
Schnittmenge 12
Schrägbild 46
Schwerpunkt 40
Segment 38
Sehne 37
Sehnenviereck 44
Seitenhalbierende 40
Sekante 37
– einer Parabel 24
Sektor 38
Sinus
–, Definition 53, 56
–, Funktion 57
–, Graph 57
Sinussatz 56
Skalarprodukt 51
S-Multiplikation 51
Spannweite 66
Standardabweichung 66
Stauchung 30
Steigungsdreieck 27
Steigung(sfaktor) 27, 53
Strecke 34
Streckenlänge 34, 50
Streckung 30

Streckungsfaktor 60, 63
Streckungszentrum 60, 63
Stufenwinkel 35
Subtrahend 14
Subtraktion 14
– von Brüchen 15
Summand 14
Summe 14
Summenregel 65
Summenterm 19
Supplementwinkel 54

Tageszinsen 25
Tangens
–, Definition 53, 56
–, Funktion 57
–, Graph 57
Tangente 37
– an den Kreis 37
– einer Parabel 24
Tangentenbedingung 24
Tangentenviereck 44
Teilmenge 10, 12
Teilmenge, echte 12
teilweises Radizieren 17
Terme, äquivalente 19
Termumformung 19
Thaleskreis 37
Trapez 43, 44
Trigonometrie 53

Umfang eines Kreises 38
Umkehrabbildung 62, 63
Umkehrfunktion 26
Umkehrrelation 26
Umkreis
–, Dreieck 40
–, Viereck 44
Ungleichung, lineare
–, Verknüpfung 19
Ursprungshalbgerade 25

Variable 7
Varianz 66
Vektor 48
–, Addition 49
–, Betrag 50
–, Gleichheit 48
–, Koordinaten 48
–, Multiplikation mit einem
  Skalar 51

70 FORMELSAMMLUNG MATHEMATIK

–, Rechengesetze 52
Vereinigungsmenge 12
Verhältnistreue 62
Verknüpfung von
– Gleichungen 19
– Mengen 12
– Ungleichungen 19
Verkürzungsverhältnis 46
Verzerrungswinkel 46
Viereck 43, 44, 45
–, achsensymmetrisches 44, 45
–, punktsymmetrisches 44, 45
Vierstreckensatz 60
Volumen 46, 47
Vorzeichen 14

Wechselwinkel 35
Wertemenge 26
Winkel 35
– Bezeichnung 34

– zwischen Vektoren 51
Winkelhalbierende 40
–, paar 36
Winkelmaß, negatives 54
Winkelsumme im
– Dreieck 39
– Viereck 44
Winkeltreue 62
Würfel 46
Wurzelexponent 17
Wurzelfunktion 32
Wurzeln 17
Wurzelziehen, teilweises 17

y-Achsenabschnitt 27, 28

Zahlen
–, ganze 13
–, irrationale 13
–, natürliche 13

–, rationale 13
–, reelle 13
Zahlengerade 13
Zahlensysteme 67
Zehnerlogarithmus 18
Zentrale 37
Zentralwert 66
Zentrische Streckung 60, 63
Zentrum 59, 60, 63
Zinsen 25
Zinssatz 25
Zinsformel 25
Zufallsexperimente 65
Z-Winkel 35
Zylinder 47

Inhaltsverzeichnis Physik/Chemie

Mechanik
1. Dichte. 2
2. Schwingungen 2
3. Kräfte. 2
4. Mechanische Kraftwandler 3
5. Geschwindigkeit. 4
6. Arbeit und Energie 4
7. Leistung und Wirkungsgrad 4
8. Mechanik der Flüssigkeiten 5

Wärmelehre
9. Längenänderung fester Körper 6
10. Volumenänderung von Körpern 6
11. Gasgesetze 6
12. Erwärmung 7

Elektrizitätslehre
13. Stromstärke und Spannung. 8
14. Leitwert und Widerstand. 8
15. Elektrische Arbeit und Leistung 9
16. Reihen- und Parallelschaltung 9
17. Messbereichserweiterungen 10
18. Belastete Elektrizitätsquelle 10

Atom- und Kernphysik
19. Zerfallsgesetz und Aktivität 11
20. Einheiten im Strahlenschutzbereich 11

Anhang
Vorsatzzeichen 12
Wichtige Konstanten 12
Physikalische Größen 13
Umrechnungen 14
Tabellen aus der Mechanik. 15
Tabellen aus der Wärmelehre 16
Tabellen aus der Elektrizitätslehre 18
Schaltzeichen aus der Elektrizitätslehre 19
Tabellen aus der Atomphysik 20
Ausschnitt aus der Nuklidkarte. 21

Chemie
Chemische Elemente 22
Elektronegativität. 22
Periodensystem 27

Register 28

Mechanik

1. Dichte

Zusammenhang zwischen Masse und Volumen bei einheitlichen Stoffen

$$\varrho = \frac{m}{V}$$

ϱ: Dichte
m: Masse
V: Volumen

$[\varrho] = 1\,\dfrac{kg}{dm^3}$

2. Schwingungen

Frequenz f

$$f = \frac{n}{t}$$

f: Frequenz
n: Anzahl der Schwingungen
t: Zeit

$[f] = \dfrac{1}{s} = 1\,Hz\,(Hertz)$

Zusammenhang zwischen Schwingungsdauer und Frequenz

$$f = \frac{1}{T}$$

f: Frequenz
T: Schwingungsdauer

3. Kräfte

**Zusammenhang zwischen Gewichtskraft und Masse
(bei 45° geographischer Breite)**

$$g = \frac{F_G}{m}$$

g: Ortsfaktor
F_G: Gewichtskraft
m: Masse

$[g] = 1\,\dfrac{N}{kg}$

Zusammenhang zwischen Gleitreibungskraft und Normalkraft

$$\mu = \frac{F_{Rg}}{F_N}$$

μ: Gleitreibungskoeffizient
F_{Rg}: Gleitreibungskraft
F_N: Normalkraft

4. Mechanische Kraftwandler

Hebel

einseitiger Hebel

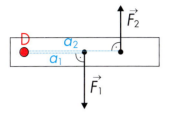

zweiseitiger Hebel

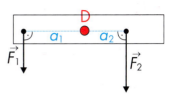

Drehmoment M

$M = F \cdot a$

M: Drehmoment
F: Kraft
a: Hebelarm

$[M] = 1\ \text{Nm}$

Hebelgesetz (Gleichgewichtsfall)

$M_1 = M_2$

M_1: linksdrehendes Drehmoment
M_2: rechtsdrehendes Drehmoment

Zusammenhang zwischen der Haltekraft und der Anzahl der tragenden Seile beim Flaschenzug

$F_{\text{Halte}} = \dfrac{1}{n} \cdot F_G$

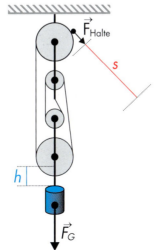

F_{Halte}: Haltekraft
s: Kraftweg
n: Anzahl der tragenden Seile
F_G: Gewichtskraft der Last
h: Lastweg

FORMELSAMMLUNG PHYSIK/CHEMIE

5. Geschwindigkeit

Zusammenhang zwischen Weg und Zeit bei der gleichförmigen Bewegung

$$v = \frac{s}{t}$$

v: Geschwindigkeit
s: Weg
t: Zeit

$[v] = 1\,\frac{m}{s}$

6. Arbeit und Energie

Mechanische Arbeit

$$W = F \cdot s$$

W: mechanische Arbeit
F: Kraft
s: Weg

$[W] = 1\,\text{Nm} = 1\,\text{J (Joule)}$

Arbeitsformen

Hubarbeit

$$W_{Hub} = F_G \cdot h$$

F_G: Gewichtskraft
h: Höhe

Reibungsarbeit

$$W_R = \mu \cdot F_N \cdot s$$

μ: Reibungszahl
F_N: Anpresskraft
s: zurückgelegter Weg

Potenzielle Energie

$$E_{Pot} = F_G \cdot h$$

E_{Pot}: potenzielle Energie
F_G: Gewichtskraft
h: Höhe

$[E_{Pot}] = 1\,\text{Nm} = 1\,\text{J (Joule)}$

7. Leistung und Wirkungsgrad

Leistung

$$P = \frac{W}{t}$$

P: Leistung
W: Arbeit
t: Zeit

$[P] = 1\,\frac{J}{s} = 1\,\text{W (Watt)}$

Wirkungsgrad η

$$\eta = \frac{W_{Nutz}}{W_{Zu}}$$

η: Wirkungsgrad
W_{Nutz}: Nutzarbeit
W_{Zu}: zugeführte Arbeit

8. Mechanik der Flüssigkeiten

Druck

$$p = \frac{F_N}{A}$$

p: Druck
F_N: Normalkraft
A: Fläche

$[p] = 1\,\dfrac{N}{m^2} = 1\,Pa\ (Pascal)$

Hydraulische Kraftwandler

Gleichgewichtsfall:

$$\frac{F_1}{A_1} = \frac{F_2}{A_2}$$

F_1: Kraft auf die Stempelfläche A_1
F_2: Kraft auf die Stempelfläche A_2

Schweredruck in Flüssigkeiten

$$p_S = g \cdot \varrho_{Fl} \cdot h$$

p_S: Schweredruck
g: Ortsfaktor
ϱ_{Fl}: Dichte der Flüssigkeit
h: Eintauchtiefe

Auftriebskraft in Flüssigkeiten

$$F_A = g \cdot \varrho_{Fl} \cdot V_{\text{verdr. Körper}}$$

F_A: Auftriebskraft
g: Ortsfaktor
ϱ_{Fl}: Dichte der Flüssigkeit
$V_{\text{verdr. Körper}}$: Volumen des eintauchenden Körpers

Wärmelehre

9. Längenänderung fester Körper bei Temperaturänderung

$$\Delta \ell = \alpha \cdot \ell_0 \cdot \Delta \vartheta$$

$\Delta \ell$: Längenänderung
α: Längenausdehnungskoeffizient
ℓ_0: Anfangslänge (0 °C)
$\Delta \vartheta$: Temperaturänderung

Längenausdehnungskoeffizient α

$$\alpha = \frac{\Delta \ell}{\ell_0 \cdot \Delta \vartheta}$$

$$[\alpha] = \frac{1}{°C} = \frac{1}{K}$$

10. Volumenänderung fester, flüssiger und gasförmiger Körper bei Temperaturänderung

$$\Delta V = \gamma \cdot V_0 \cdot \Delta \vartheta$$

ΔV: Volumenänderung
γ: Volumenausdehnungskoeffizient
V_0: Anfangsvolumen (0 °C)
$\Delta \vartheta$: Temperaturänderung

Volumenausdehnungskoeffizient γ

$$\gamma = \frac{\Delta V}{V_0 \cdot \Delta \vartheta}$$

$$[\gamma] = \frac{1}{°C} = \frac{1}{K}$$

Volumenausdehnungskoeffizient γ

bei festen Körpern: $\quad \gamma = 3 \cdot \alpha$

für Gase: $\quad \gamma = \dfrac{1}{273\ °C}$ oder $\gamma = \dfrac{1}{273\ K}$
(isobare Zustandsänderung)

11. Gasgesetze

Boyle-Mariottesches-Gesetz (Isotherme Zustandsänderung)

$$p_1 \cdot V_1 = p_2 \cdot V_2$$

p_1: Druck im Zustand 1
V_1: Volumen im Zustand 1
p_2: Druck im Zustand 2
V_2: Volumen im Zustand 2

Zustandsgleichung idealer Gase

$$\frac{p_1 \cdot V_1}{T_1} = \frac{p_2 \cdot V_2}{T_2}$$

p_1: Druck im Zustand 1
V_1: Volumen im Zustand 1
T_1: Temperatur im Zustand 1

p_2: Druck im Zustand 2
V_2: Volumen im Zustand 2
T_2: Temperatur im Zustand 2

12. Erwärmung

Erwärmungsgesetz

$$W_{th} = c \cdot m \cdot \Delta\vartheta$$

W_{th}: thermisch übertragene Energie (Wärme)
c: spezifische Wärmekapazität
m: Masse
$\Delta\vartheta$: Temperaturdifferenz

spezifische Wärmekapazität c

$$c = \frac{W_{th}}{m \cdot \Delta\vartheta}$$

$$[c] = 1\,\frac{kJ}{kg \cdot °C} = 1\,\frac{kJ}{kg \cdot K}$$

Energieaustausch bei Körpern unterschiedlicher Temperatur

$$W_{th,ab} + W_{th,auf} = 0$$

$W_{th,ab}$: abgegebene thermische Energie
$W_{th,auf}$: aufgenommene thermische Energie

Spezifische Verdampfungsenergie

$$w_v = \frac{W_{th,v}}{m}$$

w_v: spezifische Verdampfungsenergie
$W_{th,v}$: Verdampfungsenergie
m: Masse

$$[w_v] = 1\,\frac{kJ}{kg}$$

Volumenarbeit

$$W_{Vol} = p \cdot \Delta V$$

W_{Vol}: Volumenarbeit
p: Außendruck
ΔV: Volumenänderung

1. Hauptsatz der Wärmelehre

$$W_{th} = W_{Vol} + \Delta E_i$$

W_{th}: thermisch übertragene Energie (Wärme)
W_{Vol}: Volumenarbeit
ΔE_i: Änderung der inneren Energie

FORMELSAMMLUNG PHYSIK/CHEMIE

Elektrizitätslehre

13. Stromstärke und Spannung

Elektrische Stromstärke

$$I = \frac{Q}{t}$$

I: Stromstärke
Q: Ladungsmenge
t: Zeit

$[I] = 1\,\frac{C}{s} = 1\,A$ (Ampere)

Zusammenhang zwischen verrichteter Arbeit und transportierter elektrischer Ladung

Elektrische Spannung

$$U = \frac{W}{Q}$$

U: Spannung
W: Arbeit
Q: Ladungsmenge

$[U] = 1\,\frac{J}{C} = 1\,V$ (Volt)

14. Leitwert und Widerstand

Elektrischer Leitwert

$$G = \frac{I}{U}$$

G: Leitwert
I: Stromstärke
U: Spannung

$[G] = 1\,\frac{A}{V} = 1\,S$ (Siemens)

Ohm'sches Gesetz

$$\frac{I}{U} = \text{konstant}$$

I: Stromstärke
U: Spannung

Elektrischer Widerstand

$$R = \frac{U}{I}$$

R: Widerstand
U: Spannung
I: Stromstärke

$[R] = 1\,\frac{V}{A} = 1\,\Omega$ (Ohm)

Widerstandsgesetz

$$R = \varrho \cdot \frac{\ell}{A}$$

R: Widerstand
ϱ: spezifischer Widerstand
ℓ: Länge des Leiters
A: Querschnittsfläche

Spezifischer Widerstand

$$\varrho = \frac{R \cdot A}{\ell}$$

$[\varrho] = 1\,\frac{\Omega \cdot mm^2}{m}$

15. Elektrische Arbeit und Leistung

Elektrische Arbeit

$$W_{el} = U \cdot I \cdot t$$

W_{el}: elektrische Arbeit
U: Spannung
I: Stromstärke
t: Zeit

$[W_{el}] = 1 \text{ VAs} = 1 \text{ J (Joule)}$

Elektrische Leistung

$$P_{el} = U \cdot I$$

P_{el}: elektrische Leistung
U: Spannung
I: Stromstärke

$[P_{el}] = 1 \text{ VA} = 1 \text{ W (Watt)}$

16. Reihen- und Parallelschaltung

Unverzweigter Stromkreis (mit drei Energiewandlern)

$$I_{ges} = I_1 = I_2 = I_3$$

I_{ges}: Gesamtstromstärke
I_1, I_2, I_3: Stromstärken durch die Widerstände R_1, R_2, R_3

$$U_{ges} = U_1 + U_2 + U_3$$

U_{ges}: Gesamtspannung
U_1, U_2, U_3: Teilspannungen an den Widerständen

$$R_{ges} = R_1 + R_2 + R_3$$

R_{ges}: Gesamtwiderstand
R_1, R_2, R_3: Teilwiderstände

Verzweigter Stromkreis (mit drei Energiewandlern)

$$U_{ges} = U_1 = U_2 = U_3$$

U_{ges}: Gesamtspannung
U_1, U_2, U_3: Teilspannungen an den Widerständen

$$I_{ges} = I_1 + I_2 + I_3$$

I_{ges}: Gesamtstromstärke
I_1, I_2, I_3: Teilstromstärken in den Zweigen

$$\frac{1}{R_{ges}} = \frac{1}{R_1} + \frac{1}{R_2} + \frac{1}{R_3}$$

R_{ges}: Gesamtwiderstand
R_1, R_2, R_3: Teilwiderstände

FORMELSAMMLUNG PHYSIK/CHEMIE

17. Messbereichserweiterungen

Messbereichserweiterung bei Strommessgeräten

$$R_S \cdot I_S = R_{iSt} \cdot I_{St}$$

R_S: Widerstand (parallel zum Strommessgerät)
I_S: Stromstärke durch R_S
R_{iSt}: Innenwiderstand des Strommessgerätes
I_{St}: Stromstärke durch das Strommessgerät

Messbereichserweiterung bei Spannungsmessgeräten

$$\frac{U_V}{R_V} = \frac{U_{Sp}}{R_{iSp}}$$

U_V: Spannung an R_V
R_V: Widerstand (in Reihe zum Spannungsmessgerät)
U_{Sp}: Spannung am Spannungsmessgerät
R_{iSp}: Innenwiderstand des Spannungsmessgerätes

18. Belastete Elektrizitätsquelle

Teilspannungen im Stromkreis

$$U_0 = U_i + U_b$$

U_0: Leerlaufspannung
U_i: Spannung am Innenwiderstand der Elektrizitätsquelle
U_b: Klemmenspannung bei belasteter Elektrizitätsquelle

Atom- und Kernphysik

19. Zerfallsgesetz und Aktivität

Zerfallsgesetz

$$N(t) = N_0 \cdot \left(\frac{1}{2}\right)^{\frac{t}{T}}$$

$N(t)$: Anzahl der nach Ablauf der Zeit t noch nicht zerfallenen Atomkerne
N_0: Anzahl der zu Beginn vorhandenen Atomkerne
t: Zeit
T: Halbwertszeit

Aktivität

$$A = \frac{N}{t}$$

A: Aktivität
N: Zahl der Zerfälle
t: Zeit

$[A] = \frac{1}{s} = 1$ Bq (Becquerel)

20. Einheiten im Strahlenschutzbereich

Energiedosis

$$D = \frac{E}{m}$$

D: Energiedosis
E: Energie, die ein Körper aufnimmt
m: Masse des Köpers

$[D] = 1\frac{J}{kg} = 1$ Gy (Gray)

Äquivalentdosis mit q als Qualitätsfaktor

$$H = q \cdot D$$

H: Äquivalentdosis
q: Qualitätsfaktor
D: Energiedosis

$[H] = 1\frac{J}{kg} = 1$ Sv (Sievert)

Anhang

Vorsatzzeichen

Vorsatz	Piko	Nano	Mikro	Milli	Zenti	Dezi	Deka	Hekto	Kilo	Mega	Giga	Tera
Vorsatzzeichen	p	n	µ	m	c	d	da	h	k	M	G	T
Zehnerpotenz	10^{-12}	10^{-9}	10^{-6}	10^{-3}	10^{-2}	10^{-1}	10^{1}	10^{2}	10^{3}	10^{6}	10^{9}	10^{12}

Wichtige Konstanten

Absoluter Nullpunkt	$\vartheta = -273{,}15\,°C$
Avogadro'sche Konstante / Loschmidt'sche Zahl	$L = \dfrac{6{,}0221415 \cdot 10^{23}}{mol}$
Elementarladung	$e = 1{,}60217653 \cdot 10^{-19}\,C$
Lichtgeschwindigkeit im Vakuum	$c = 2{,}99792458 \cdot 10^{8}\,\dfrac{m}{s}$
Schallgeschwindigkeit in Luft (20 °C)	$v = 344\,\dfrac{m}{s}$
Ortsfaktor (bei 45° geographischer Breite)	$g = 9{,}80665\,\dfrac{N}{kg}$
Normdruck	$p_o = 1013{,}25\,hPa$
Qualitätsfaktor	$q = 1$ (für β-, γ- und Röntgenstrahlung) $q = 20$ (für α-Strahlung)

Physikalische Größen

Größen aus der Mechanik

Physikalische Größe	Symbol	Einheitenbezeichnung und Einheitensymbol	
Länge	ℓ	Meter	m
Fläche	A	Quadratmeter	m^2
Volumen	V	Kubikmeter	m^3
Zeit	t	Sekunde	s
Frequenz	f	Hertz	Hz
Kraft	F	Newton	N
Masse	m	Kilogramm	kg
Ortsfaktor	g		$\frac{N}{kg}$
Dichte	ϱ		$\frac{kg}{m^3}$

Physikalische Größe	Symbol	Einheitenbezeichnung und Einheitensymbol	
Druck	p	Pascal	Pa
Geschwindigkeit	v		$\frac{m}{s}$
Drehmoment	M		Nm
Arbeit, Energie	W, E	Joule	J
Leistung	P	Watt	W
Wirkungsgrad	η		

Größen aus der Optik

Einfallswinkel	ε	Grad	1°
Brechungswinkel	β	Grad	1°
Bildweite	b	Meter	m

Gegenstandsweite	g	Meter	m
Bildgröße	B	Meter	m
Gegenstandsgröße	G	Meter	m

Größen aus der Wärmelehre

absolute Temperatur	T	Kelvin	K
Temperatur	ϑ	Grad Celsius	°C
Temperaturdifferenz	$\Delta T, \Delta\vartheta$	Kelvin / Grad Celsius	K / °C
Wärme	W_{th}	Joule	J
innere Energie	E_i	Joule	J

Spezifische Verdampfungsenergie	w_v		$\frac{kJ}{kg}$
Volumenarbeit	W_{Vol}	Joule	J
Leistung einer Wärmequelle	P_{th}	Watt	W
spezifische Wärmekapazität	c		$\frac{kJ}{kg \cdot K}$

Größen aus der Elektrizitätslehre

elektrische Ladungsmenge	Q	Coulomb	C
elektrische Stromstärke	I	Ampere	A
elektrische Spannung	U	Volt	V
elektrischer Leitwert	G	Siemens	S
elektrischer Widerstand	R	Ohm	Ω

spezifischer Widerstand	ϱ		$\frac{\Omega \cdot mm^2}{m}$
elektrische Arbeit	W_{el}	Joule	J
elektrische Energie	E_{el}	Joule	J
elektrische Leistung	P_{el}	Watt	W

Größen aus der Atomphysik

Aktivität	A	Becquerel	Bq
Energiedosis	D	Gray	Gy

Äquivalentdosis	H	Sievert	Sv

FORMELSAMMLUNG PHYSIK/CHEMIE

Umrechnungen

Physikalische Größe	Einheit	Zeichen	Umrechnungen
Länge	Meter	m	$1\,m = 1 \cdot 10^{-3}\,km = 1 \cdot 10^2\,cm = 1 \cdot 10^3\,mm$
	Int. Seemeile	sm	$1\,sm = 1852\,m$
	Lichtjahr	ℓy	$1\,\ell y = 9{,}46 \cdot 10^{15}\,m$
	Astronomische Einheit	AE	$1\,AE = 1{,}496 \cdot 10^{11}\,m$
	Yard	yd	$1\,yd = 0{,}914\,m$
	Zoll	″	$1'' = 25{,}4\,mm$
Fläche	Quadratmeter	m²	$1\,m^2 = 1 \cdot 10^{-6}\,km^2 = 1 \cdot 10^4\,cm^2 = 1 \cdot 10^6\,mm^2$
	Hektar	ha	$1\,ha = 1 \cdot 10^4\,m^2$
	Ar	a	$1\,a = 100\,m^2$
Volumen	Kubikmeter	m³	$1\,m^3 = 1 \cdot 10^{-9}\,km^3 = 1 \cdot 10^6\,cm^3 = 1 \cdot 10^9\,mm^3$
	Liter	ℓ	$1\,\ell = 1\,dm^3 = 1 \cdot 10^3\,cm^3$
	Registertonne	RT	$1\,RT = 2{,}832\,m^3$
Zeit	Stunde	h	$1\,h = 3600\,s$
	Tag	d	$1\,d = 86\,400\,s$
Masse	Kilogramm	kg	$1\,kg = 1 \cdot 10^3\,g = 1 \cdot 10^{-3}\,t$
	Atomare Masseneinheit	u	$1\,u = 1{,}66 \cdot 10^{-27}\,kg$
	Unze	oz	$1\,oz = 0{,}02835\,kg$
	Karat	k	$1\,k = 2 \cdot 10^{-4}\,kg$
Dichte	Kilogramm durch Kubikmeter	$\frac{kg}{m^3}$	$1\,\frac{kg}{m^3} = 1\,\frac{g}{dm^3} = 1 \cdot 10^{-3}\,\frac{g}{cm^3}$
Geschwindigkeit	Meter durch Sekunde	$\frac{m}{s}$	$1\,\frac{m}{s} = 3{,}6\,\frac{km}{h}$
	Kilometer durch Stunde	$\frac{km}{h}$	$1\,\frac{km}{h} = 0{,}28\,\frac{m}{s}$
	Knoten	kn	$1\,kn = 1\,\frac{sm}{h} = 1852\,\frac{m}{h}$
Arbeit	Joule	J	$1\,J = 1\,Nm = 6{,}24 \cdot 10^{18}\,eV = 1\,Ws = 0{,}278 \cdot 10^{-6}\,kWh$
	Kilowattstunde	kWh	$1\,kWh = 3{,}6 \cdot 10^6\,J$
Energie	Joule	J	$1\,J = 1\,Nm = 6{,}24 \cdot 10^{18}\,eV = 1\,Ws = 0{,}278 \cdot 10^{-6}\,kWh$
	Elektronenvolt	eV	$1\,eV = 1{,}602 \cdot 10^{-19}\,J$
	Tonne Steinkohleeinheit	t SKE	$1\,t\,SKE = 29{,}3 \cdot 10^9\,J$
Leistung	Watt	W	$1\,W = 1\,\frac{J}{s} = 1\,VA\,;\ 1\,kW = 1{,}36\,PS$
Druck	Pascal	Pa	$1\,Pa = 1\,\frac{N}{m^2} = 1 \cdot 10^{-5}\,bar$
	Bar	bar	$1\,bar = 1 \cdot 10^5\,Pa;\ 1\,mbar = 1\,hPa$
Temperatur	Kelvin	K	$273{,}15\,K \triangleq 0\,°C$ (Grad Celsius) $\triangleq 32\,°F$ (Grad Fahrenheit) $\triangleq 0\,°R$ (Grad Réaumur)

Tabellen aus der Mechanik

Dichte ϱ von Festkörpern (bei 20 °C) in $\frac{g}{cm^3}$

Aluminium	2,70	Granit	2,8	Plexiglas	1,2
Balsaholz	0,1	Gummi	0,92	Porzellan	2,4
Bernstein	1,1	Holz	0,4–0,8	Sand	1,5
Blei	11,34	Kork	0,2–0,35	Schaumstoff	0,03
Butter	0,86	Kunststoff (PVC)	1,38	Silber	10,50
Chrom	6,93	Kupfer	8,93	Stahl	7,8
Diamant	3,51	Marmor	2,7	Stearin (Wachs)	0,9
Wasser (bei 0 °C)	0,92	Messing	8,5	Styropor	0,015
Eisen	7,87	Nickel	8,91	Uran	19,1
Glas	2,6	Papier	1,1	Zink	7,0
Gold	19,29	Platin	21,45	Zinn	7,2

Dichte ϱ von Flüssigkeiten (bei 20 °C) in $\frac{g}{cm^3}$

Alkohol	0,79	Milch	1,03	Schwefelsäure	1,83
Benzin	0,78	Olivenöl	0,91	Wasser (bei 4 °C)	1,00
Dieselöl	0,87	Quecksilber	13,55	Wasser (bei 20 °C)	0,998
Glycerin	1,26	Salzwasser	1,03	Wasser, schweres	1,105

Dichte ϱ von Gasen (bei 0 °C und 1013 hPa) in $\frac{g}{cm^3}$

Ammoniak	0,00077	Kohlenstoffdioxid	0,00198	Ozon	0,00214
Butan	0,00270	Kohlenstoff-monooxid	0,00125	Propan	0,00201
Chlor	0,00321	Krypton	0,00374	Sauerstoff	0,00143
Dimethylether	0,00211	Luft	0,00129	Stickstoff	0,00125
Erdgas	0,0006	Methan	0,00072	Wasserdampf (100 °C)	0,00077
Helium	0,00018	Neon	0,00090	Wasserstoff	0,000090

Gleitreibungszahlen μ_{Gleit}

Stoffpaar	μ_{Gleit}	Stoffpaar	μ_{Gleit}
Messing auf Eiche	0,60	Bronze auf Bronze	0,20
Eiche auf Eiche	0,34	Grauguss auf Eiche	0,49
Stahl auf Stahl	0,12	Stahl auf Eiche	0,5
Stahl auf Eis	0,014	Stahl auf Grauguss	0,18
Autoreifen auf		Autoreifen auf	
– trockenem Asphalt	0,3	– trockenem Pflaster	0,5
– nassem Asphalt	0,15	– nassem Pflaster	0,2

FORMELSAMMLUNG PHYSIK/CHEMIE

Tabellen aus der Wärmelehre

Längenausdehnungszahl α von Festkörpern in $\frac{1}{K}$ oder $\frac{1}{°C}$ (zwischen 0 °C und 100 °C)

Aluminium	0,000 024	Glas	0,000 0082	Kupfer	0,000 017
Beton	0,000 012	Gold	0,000 014	Messing	0,000 017
Blei	0,000 029	Gusseisen	0,000 012	Platin	0,000 0091
Wasser (bei 0 °C)	0,000 050	Konstantan	0,000 015	Plexiglas	0,000 070
Eisen	0,000 012	Kunststoff	0,000 070	Porzellan	0,000 003

Volumenausdehnungszahl γ von Flüssigkeiten in $\frac{1}{K}$ oder $\frac{1}{°C}$ (bei 20 °C)

Alkohol	0,001 10	Heizöl	0,000 90	Quecksilber	0,000 18
Benzol	0,001 23	Olivenöl	0,000 72	Schwefelsäure	0,000 57
Glycerin	0,000 47	Petroleum	0,000 96	Wasser	0,000 21

Spezifische Wärmekapazität c von festen Körpern in $\frac{kJ}{kg \cdot K}$ oder $\frac{kJ}{kg \cdot °C}$ (bei 20 °C)

Aluminium	0,896	Gold	0,129	Silicium	0,703
Beton	0,84	Kupfer	0,382	Titan	0,520
Blei	0,129	Papier	1,5	Uran	0,115
Wasser (bei 0 °C)	2,1	Platin	0,133	Wachs	2,5
Eisen	0,452	Porzellan	0,84	Wolfram	0,134
Glaswolle	0,80	Silber	0,235	Zinn	0,226

Spezifische Wärmekapazität c von Flüssigkeiten in $\frac{kJ}{kg \cdot K}$ oder $\frac{kJ}{kg \cdot °C}$ (bei 20 °C)

Benzol	1,725	Petroleum	2,14	Terpentin	1,80
Glycerin	2,39	Quecksilber	0,139	Wasser	4,182
Olivenöl	1,97	Schwefelsäure	1,38	Wasser, schweres	4,212

Spezifische Wärmekapazität c von Gasen in $\frac{kJ}{kg \cdot K}$ oder $\frac{kJ}{kg \cdot °C}$ (bei 20 °C)

Gas	c (Druck konstant)
Helium	5,23
Luft	1,005
Neon	1,030
Sauerstoff	0,917
Stickstoff	1,038
Wasserstoff	14,32

Änderung des Aggregatzustandes bei Normdruck 1013 hPa
Festkörper

Stoff	Siedetemperatur in °C	Spezifische Verdampfungsenergie in $\frac{kJ}{kg}$
Aluminium	2 450	10 900
Blei	1 750	8 600
Caesium	685	496
Eisen	2 735	6 339
Germanium	2 830	4 600
Gold	2 700	1 650
Kupfer	2 590	4 790
Naphthalin	218	314
Platin	4 300	2 290
Silber	2 180	2 350
Silicium	2 355	14 050
Titan	3 300	8 980
Uran	3 930	1 730
Wolfram	5 500	4 350
Zinn	2 690	2 450

Flüssigkeiten

Stoff	Siedetemperatur in °C	Spezifische Verdampfungsenergie in $\frac{kJ}{kg}$
Benzol	80,1	394
Essigsäure	118	406
Ethanol	78,3	840
Glycerin	291	825
Quecksilber	356,6	285
Wasser	100	2 257

Gase

Stoff	Siedetemperatur in °C	Spezifische Verdampfungsenergie in $\frac{kJ}{kg}$
Ammoniak	− 33,4	1 370
Chloroform	− 61,3	2,79
Helium	− 269	20,6
Kohlenstoffdioxid	− 78,5	574
Luft	− 193	197
Sauerstoff	− 183	213
Stickstoff	− 196	201
Wasserstoff	− 253	461

Heizwerte von Brennstoffen in $\frac{MJ}{kg}$

Benzin	42	Heizöl	41	Propan	93
Braunkohle	17	Holz	16	Spiritus	30
Brikett	20	Holzkohle	31	Stadtgas	20
Dieselöl	41	Koks	30	Steinkohle	30
Erdgas	42	Oktan	45	Torf	14
Esbit	18	Petroleum	41	Wasserstoff	11

Tabellen aus der Elektrizitätslehre

Spezifischer Widerstand ϱ in $\frac{\Omega \cdot mm^2}{m}$ bei 20 °C

Aluminium	0,027	Konstantan[1]	0,50	Schwefelsäure	ca. 20 000
Blei	0,208	Kupfer	0,017	Silber	0,016
Eisen	0,10	Manganin[2]	0,43	Silicium	1200
Erde, feucht	> 1	Messing[3]	0,08	Wasser	ca. $1 \cdot 10^2$
Glas	$> 1 \cdot 10^5$	Nickel	0,087	Wasser (dest.)	$10 \cdot 10^4 - 4 \cdot 10^4$
Gold	0,022	Platin	0,107	Wolfram	0,055
Kohle	40–80	Quecksilber	0,96	Zinn	0,11

Legierungen:
1) Konstantan: 54% Kupfer, 45% Nickel, 1% Mangan
2) Manganin: 86% Kupfer; 12% Mangan, 2% Nickel
3) Messing: 62% Kupfer, 38% Zink

Schaltzeichen aus der Elektrizitätslehre

Elektrizitätsquellen
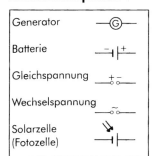

Elektrische Leiter
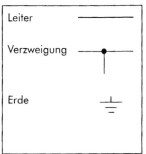

Schalter
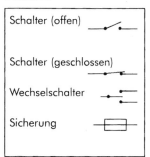

Widerstände
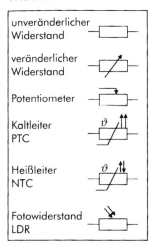

Halbleiter-Elemente
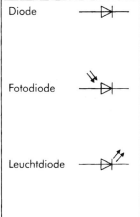

Elektromagn. Elemente
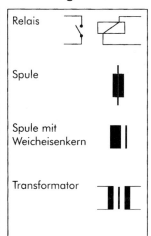

Elektrische Verbraucher
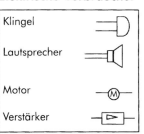

Lampen und Röhren
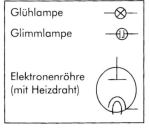

Messgeräte

FORMELSAMMLUNG PHYSIK/CHEMIE

Tabellen aus der Atomphysik

Halbwertszeiten einiger radioaktiver Nuklide und ihre Zerfallsart

Ordnungszahl	Element	Nuklid	Halbwertszeit	Zerfall
55	Caesium	Cs-137	30 a	β
27	Cobalt	Co-60	5,26 a	β, γ
31	Gallium	Ga-67	3,3 d	α, γ
53	Jod	J-123	13,2 h	β, γ
53	Jod	J-131	8,08 d	β, γ
19	Kalium	K-40	$1,28 \cdot 10^9$ a	β, γ
6	Kohlenstoff	C-14	5730 a	β
36	Krypton	Kr-85	10,6 a	β, γ
15	Phosphor	P-32	14,2 d	β
84	Polonium	Po-210	138,5 d	α, γ
88	Radium	Ra-226	1622 a	α, γ
88	Radium	Ra-216	$7 \cdot 10^{-9}$ s	α, γ
86	Radon	Rn-220	54 s	α, γ
16	Schwefel	S-35	87 d	β
38	Strontium	Sr-89	54 d	β
38	Strontium	Sr-90	29 d	β
52	Tellur	Te-128	$1,5 \cdot 10^{24}$ a	β
81	Thallium	Tl-209	2,2 min	β
90	Thorium	Th-234	24,1 d	β
92	Uran	U-235	$7,13 \cdot 10^8$ a	α, γ
92	Uran	U-238	$4,5 \cdot 10^9$ a	α, γ
1	Wasserstoff	H-3	12,3 a	β

Zerfallsreihen

Uran-Radium-Reihe		Uran-Actinium-Reihe		Thorium-Reihe		Neptunium-Reihe	
Kern	Zerfall	Kern	Zerfall	Kern	Zerfall	Kern	Zerfall
U-238	↓ α	U-235	↓ α	Th-232	↓ α	Pu-241	↓ β
Th-234	↓ β	Th-231	↓ β	Ra-228	↓ β	Am-241	↓ α
Pa-234	↓ β	Pa-231	↓ α	Ac-228	↓ β	Np-237	↓ α
U-234	↓ α	Ac-227	↓ β	Th-228	↓ α	Pa-233	↓ β
Th-230	↓ α	Th-227	↓ α	Ra-224	↓ α	U-233	↓ α
Ra-226	↓ α	Ra-223	↓ α	Rn-220	↓ α	Th-229	↓ α
Rn-222	↓ α	Rn-219	↓ α	Po-216	↓ α	Ra-225	↓ β
Po-218	↓ α	Po-215	↓ α	Pb-212	↓ β	Ac-225	↓ α
Pb-214	↓ β	Pb-211	↓ β	Bi-212	↓ β	Fr-221	↓ α
Bi-214	↓ β	Bi-211	↓ α	Po-212	↓ α	At-217	↓ α
Po-214	↓ α	Tl-207	↓ β	Pb-208	stabil	Bi-213	↓ β
Pb-210	↓ β	Pb-207	stabil			Po-213	↓ α
Bi-210	↓ β					Pb-209	↓ β
Po-210	↓ α					Bi-209	stabil
Pb-206	stabil						

Ausschnitt aus der Nuklidkarte

Teil I: die leichten Elemente

Z									
6	C 12	C 13	C 14 5730 a						
5	B 10	B 11	B 12 20,2 ms						
4	Be 9								
3	Li 6	Li 7							
2	He 3	He 4	H 3 12,3 a						
1	H 1	H 2							
0		n 1 11 min							

Z								
87	Fr 218 0,7 ms	Fr 219 21 ms	Fr 220 27,4 s	Fr 221 4,9 min	Fr 222 14,4 min	Fr 223 21,8 min	Fr 224 3,3 min	Fr 225 4,0 min
86	Rn 217 0,54 ms	Rn 218 35 ms	Rn 219 3,96 s	Rn 220 55,6 s	Rn 221 25 min	Rn 222 3,83 d	Rn 223 23,2 min	Rn 224 1,78 h
85	At 216 0,3 ms	At 217 32,3 ms	At 218 2 s	At 219 0,9 min	At 220 3,71 min	At 221 2,3 min		
84	Po 215 0,1 ms	Po 216 0,15 s	Po 217 < 10 s	Po 218 3,05 min				
83	Bi 214 19,9 min	Bi 215 7,6 min	Bi 216 3,6 min					
82	Pb 213 10,2 min	Pb 214 26,8 min						

Z						
85	At 215 164 µs					
84	Po 214					
83	Bi 213 45,6 min					
82	Pb 212 10,6 h					
84	Po 213 4,2 µs					
83	Bi 212 25 min / 60 min					
82	Pb 211 36,1 min					
83	Bi 211 2,17 min					
82	Pb 210 22,3 a					
83	Bi 210 5,01 d					
82	Pb 209 3,25 h					
83	Bi 209					
82	Pb 208					

Teil II: die schweren Elemente

Z							
92	U 232 68,9 a	U 233 1,59·10⁵ a	U 234 2,45·10⁵ a	U 235 7,0·10⁸ a	U 236 2,3·10⁷ a	U 237 6,75 d	U 238 4,7·10⁹ a
91	Pa 231 3,3·10⁴ a	Pa 232 1,31 d	Pa 233 27,0 d	Pa 234 1,17 min	Pa 235 24,2 min	Pa 236 9,1 min	Pa 237 8,7 min
90	Th 230 7,54·10⁴ a	Th 231 25,5 h	Th 232 1,4·10¹⁰ a	Th 233 22,3 min	Th 234 24,1 d	Th 235 7,1 min	Th 236 37,5 min
89	Ac 229 62,7 min	Ac 230 122 s	Ac 231 7,5 min	Ac 232 119 s	Ac 233 145 s	Ac 234 44 s	
88	Ra 228 5,75 a	Ra 229 4,0 min	Ra 230 93 min	Ra 231 103 s	Ra 232 4,2 min		
87	Fr 227 2,47 min						

Z					
90	Th 228 1,9 a	Th 229 7880 a			
89	Ac 227 21,8 a	Ac 228 6,13 h			
88	Ra 226 1600 a	Ra 227 42,2 min			
87	Fr 225 4,0 min	Fr 226 48 s			
86	Rn 224				
88	Ra 225 14,8 d				
88	Ra 224 3,66 d				
87	Fr 223 21,8 min				
88	Ra 223 11,4 d				
87	Fr 222 14,4 min				
88	Ra 222 38 s				

Legende

Element — C 14 (Nukleonenzahl A), 5730 a (Halbwertszeit T), Kernladungszahl Z = 6

FORMELSAMMLUNG PHYSIK/CHEMIE

Chemische Elemente

Dichte:	feste Körper 20 °C; $\frac{kg}{dm^3}$	flüssige Körper 20 °C; $\frac{kg}{dm^3}$	gasförmige Körper 0 °C; $\frac{kg}{m^3}$

Element	Symbol	Ordnungszahl	Schmelztemperatur in °C	Siedetemperatur in °C	Dichte (Einheit siehe oben)	Elektronegativität (nach Pauling)
Actinium	Ac	89	1050	3200	10,07	1,1
Aluminium	Al	13	660	2450	2,702	1,5
Americum	Am	95	994	2607	13,67	1,3
Antimon	Sb	51	631	1637	6,69	1,9
Argon	Ar	18	−189	−186	1,784	−
Arsen	As	33	−	615	5,72	2,18
Astat	At	85	302	370	−	2,2
Barium	Ba	56	710	1637	3,65	0,89
Berkelium	Bk	97	−	−	13,25	1,3
Beryllium	Be	4	1278	2965	1,85	1,57
Bismut	Bi	83	271	1560	9,80	2,02
Blei	Pb	82	327	1750	11,34	2,33
Bohrium	Bh	107			−	−
Bor	B	5	2300	2550	2,46	2,04
Brom	Br	35	−7,2	58,8	3,14	2,8
Cadmium	Cd	48	321	765	8,64	1,69
Caesium	Cs	55	28,6	685	1,90	0,79
Calcium	Ca	20	850	1487	1,54	1,00
Californium	Cf	98	−	−	15,1	1,3
Cer	Ce	58	768	3443	6,77	1,12
Chlor	Cl	17	−101	−34,1	3,214	3,0

Element	Symbol	Ordnungszahl	Schmelztemperatur in °C	Siedetemperatur in °C	Dichte (Einheit siehe S. 22)	Elektronegativität (nach Pauling)
Chrom	Cr	24	1875	2640	7,14	1,66
Cobalt	Co	27	1492	2870	8,9	1,88
Curium	Cm	96	1340	3110	13,51	1,3
Dubnium	Db	104			–	–
Dysprosium	Dy	66	1407	2562	8,56	1,22
Einsteinium	Es	99	–	–	–	1,3
Eisen	Fe	26	1535	2735	6,6–7,4	1,83
Erbium	Er	68	1497	2863	9,05	1,24
Europium	Eu	63	826	1439	5,25	–
Fermium	Fm	100	–	–	–	1,3
Fluor	F	9	– 220	– 188	1,58	4,0
Francium	Fr	87	27	677	–	0,7
Gadolinium	Gd	64	1312	3273	7,89	1,20
Gallium	Ga	31	29,8	2230	5,91	1,6
Germanium	Ge	32	959	2830	5,33	1,0
Gold	Au	79	1064	2700	19,29	2,54
Hahnium	Hn	108	–	–	–	–
Hafnium	Hf	72	2227	4602	13,31	1,3
Helium	He	2	– 271	– 269	0,1785	–
Holmium	Ho	67	1474	2700	8,78	1,23
Indium	In	49	156	2080	7,31	1,78
Iod	I	53	114	183	4,94	2,5
Iridium	Ir	77	2450	4350	22,42	2,20

FORMELSAMMLUNG PHYSIK/CHEMIE

Element	Symbol	Ordnungszahl	Schmelztemperatur in °C	Siedetemperatur in °C	Dichte (Einheit siehe S. 22)	Elektronegativität (nach Pauling)
Joliotium	Jl	105				
Kalium	K	19	63,3	754	0,86	0,82
Kohlenstoff	C	6	D: 3540 G: 3650	4830	D: 3,51 G: 2,0–2,5	2,55
Krypton	Kr	36	−157	−153	3,744	−
Kupfer	Cu	29	1083	2590	8,933	1,90
Lanthan	La	57	900	3400	6,16	1,10
Lawrencium	Lr	103	−	−	−	1,3
Lithium	Li	3	180	1330	0,53	1,0
Lutetium	Lu	71	1663	3395	9,84	1,27
Magnesium	Mg	12	650	1110	1,74	1,2
Mangan	Mn	25	1244	2090	7,44	1,55
Meitnerium	Mt	109	−	−	−	−
Mendelevium	Md	101	−	−	−	1,3
Molybdaen	Mo	42	2620	4800	10,22	2,16
Natrium	Na	11	97,8	890	0,97	0,93
Neodym	Nd	60	1024	3074	7,00	1,14
Neon	Ne	10	−249	−246,1	0,9002	−
Neptunium	Np	93	630	3902	20,48	1,36
Nickel	Ni	28	1453	2800	8,91	1,91
Niob	Nb	41	2468	4928	8,58	1,6
Nobelium	No	102	−	−	−	1,3
Osmium	Os	76	3054	5027	22,61	2,2

Element	Symbol	Ordnungszahl	Schmelztemperatur in °C	Siedetemperatur in °C	Dichte (Einheit siehe S. 22)	Elektronegativität (nach Pauling)
Palladium	Pd	46	1555	3140	12,02	2,20
Phosphor	P	15	44,2	280	1,82	2,19
Platin	Pt	78	1769	4300	21,45	2,28
Plutonium	Pu	94	640	3232	19,74	1,28
Polonium	Po	84	254	962	9,20	2,0
Praseodym	Pr	59	931	3250	6,48	1,13
Promethium	Pm	61	1168	2730	7,22	–
Quecksilber	Hg	80	– 38,9	356,6	13,546	2,00
Radium	Ra	88	700	1140	5,50	0,89
Radon	Rn	86	– 71	– 62	9,23	–
Rhenium	Re	75	3180	5630	21,03	1,9
Rhodium	Rh	45	1966	3730	12,41	2,28
Rubidium	Rb	37	38,7	700	1,53	0,82
Ruthenium	Ru	44	2450	3900	12,45	2,2
Rutherfordium	Rf	106	–	–	–	–
Samarium	Sm	62	150	1074	7,54	1,17
Sauerstoff	O	8	– 219	– 183	1,42895	3,5
Scandium	Sc	21	1541	2836	2,99	1,36
Schwefel	S	16	119	445	2,06	2,58
Selen	Se	34	217	685	4,82	2,4
Silber	Ag	47	961	2180	10,5	1,93
Silicium	Si	14	1420	2355	2,33	1,8
Stickstoff	N	7	– 210	– 195,8	1,2505	3,04
Strontium	Sr	38	769	1384	2,63	0,95

FORMELSAMMLUNG PHYSIK/CHEMIE

Element	Symbol	Ordnungszahl	Schmelztemperatur in °C	Siedetemperatur in °C	Dichte (Einheit siehe S. 22)	Elektronegativität (nach Pauling)
Tantal	Ta	73	2996	5425	16,68	1,5
Technetium	Tc	43	2172	4877	11,49	1,9
Tellur	Te	52	450	990	6,25	2,1
Terbium	Tb	65	1356	3230	8,25	–
Thallium	Tl	81	303	1457	11,85	1,62
Thorium	Th	90	1750	4788	11,72	1,3
Thulium	Tm	69	1545	1947	9,32	1,25
Titan	Ti	22	1725	3300	4,15	1,54
Uran	U	92	1132	3818	19,1	1,38
Vanadium	V	23	1730	3400	6,09	1,63
Wasserstoff	H	1	– 259	– 252,8	0,08989	2,1
Wolfram	W	74	3380	5500	19,27	2,36
Xenon	Xe	54	– 112	– 108,2	5,897	2,6
Ytterbium	Yb	70	819	1196	6,97	–
Yttrium	Y	39	1522	3338	4,47	1,22
Zink	Zn	30	420	907	7,14	1,65
Zinn	Sn	50	232	2690	7,29	1,8
Zirconium	Zr	40	1855	4377	6,51	1,33

Periodensystem der Elemente

Hauptgruppenelemente

Gruppe / Periode	I	II		III	IV	V	VI	VII	VIII
1	1,0079 1 H								4,0026 2 He
2	6,941 3 Li	9,0122 4 Be		10,811 5 B	12,011 6 C	14,0067 7 N	15,9994 8 O	18,9984 9 F	20,179 10 Ne
3	22,9898 11 Na	24,305 12 Mg		26,9815 13 Al	28,086 14 Si	30,9738 15 P	32,064 16 S	35,453 17 Cl	39,948 18 Ar
4	39,102 19 K	40,08 20 Ca	4*	69,72 31 Ga	72,59 32 Ge	74,916 33 As	78,96 34 Se	79,909 35 Br	83,80 36 Kr
5	85,47 37 Rb	87,62 38 Sr	5*	114,82 49 In	118,69 50 Sn	121,75 51 Sb	127,60 52 Te	126,9044 53 I	131,30 54 Xe
6	132,905 55 Cs	137,34 56 Ba	6*	204,37 81 Tl	207,19 82 Pb	208,980 83 Bi	209 84 Po	210 85 At	222 86 Rn
7	223 87 Fr	226 88 Ra	7*						

Nebengruppenelemente

Gruppe / Periode	III	IV	V	VI	VII	VIII a	VIII b	VIII c	I	II
4*	44,956 21 Sc	47,90 22 Ti	50,942 23 V	51,996 24 Cr	54,938 25 Mn	55,847 26 Fe	58,933 27 Co	58,71 28 Ni	63,54 29 Cu	65,37 30 Zn
5*	88,905 39 Y	91,22 40 Zr	92,906 41 Nb	95,94 42 Mo	99 43 Tc	101,07 44 Ru	102,905 45 Rh	106,4 46 Pd	107,870 47 Ag	112,40 48 Cd
6*	138,91 57 La	178,49 72 Hf	180,95 73 Ta	183,85 74 W	186,2 75 Re	109,2 76 Os	192,2 77 Ir	195,09 78 Pt	196,967 79 Au	200,59 80 Hg
7*	227 89 Ac	261,1 104 Db	262,1 105 Jl	263,1 106 Rf	262,1 107 Bh	265 108 Hs	266 109 Mt			

Lanthanoide

140,12 58 Ce	140,91 59 Pr	144,24 60 Nd	145 61 Pm	150,35 62 Sm	151,96 63 Eu	157,25 64 Gd	158,92 65 Tb	162,50 66 Dy	164,93 67 Ho	167,26 68 Er	168,93 69 Tm	173,04 70 Yb	174,97 71 Lu

Actinoide

232,04 90 Th	231 91 Pa	238,03 92 U	237 93 Np	244 94 Pu	243 95 Am	247 96 Cm	247 97 Bk	251 98 Cf	254 99 Es	257 100 Fm	256 101 Md	259 102 No	262 103 Lr

Metalle | Halbmetalle | Nichtmetalle

FORMELSAMMLUNG PHYSIK/CHEMIE

Register Physik / Chemie

Abgegebene thermische Energie 7
Absoluter Nullpunkt 12
Aggregatzustand 17
Aktivität 11
Äquivalentdosis 11
Arbeit 4
Atomkern 11
Anfangslänge 6
Anfangsvolumen 6
Arbeitsformen 4
aufgenommene thermische Energie 7
Auftriebskraft 5
Außendruck 7
Avogadro'sche Konstante 12

Belastete Elektrizitätsquelle 10
Bewegung 4
Boyle-Mariottesches Gesetz 6

Dichte 2
Diode 19
Drehmoment 3
Druck 5, 6

Einheit 13, 14
Eintauchtiefe 5
Elektrische Arbeit 9
Elektrische Leistung 9
Elektrizitätsquelle 10, 19
Elektronegativität 22
Elementarladung 12
Energie 4, 11
Energieaustausch 7
Energiedosis 11
Energiewandler 9
Erdbeschleunigung 12
Erwärmungsgesetz 7

Flaschenzug 3
Frequenz 2

Gasgesetze 6
Gesamtwiderstand 9
Geschwindigkeit 4
Gesetz, Boyle-Mariotte 6
Gewichtskraft 2
Gleichförmige Bewegung 4

Gleitreibungskoeffizient 2
Gleitreibungskraft 2

Halbleiter 19
Halbleiter-Elemente 19
Halbwertszeit 11, 20, 21
Haltekraft 3
Hauptsatz der Wärmelehre 7
Hebel 3
Hebelarm 3
Hebelgesetz 3
Heißleiter 19
Heizwert 18
Hubarbeit 4

Ideales Gas 6
Innenwiderstand 10
Innere Energie 7
Isobar 6
isobare Zustandsänderung 6
isotherme Zustandsänderung 6

Kaltleiter 19
Kernladungszahl 21
Klemmenspannung 10
Konstanten 12
Kraft 2
Kraftwandler 3, 5

Ladungsmenge 8
Lageenergie 4
Längenänderung 6
Längenausdehnungskoeffizient 6
Leerlaufspannung 10
Legierungen 18
Leistung 4, 9
Leiterlänge 8
Leitwert 8
Lichtgeschwindigkeit 12

Masse 2
Mechanische Arbeit 4
Messbereichserweiterung 10

Normluftdruck 12
Normalkraft 2, 5
Nukleonenzahl 21
Nuklidkarte 21

Nutzarbeit 4

Ohm'sches Gesetz 8
Ordnungszahl 22
Ortsfaktor 2, 12

Parallelschaltung 9
Physikalische Größen 13
Potenzielle Energie 4

Qualitätsfaktor 11, 12
Querschnittsfläche 8

Reibungsarbeit 4
Reihenschaltung 9

Schallgeschwindigkeit 12
Schaltzeichen 19
Schmelztemperatur 22
Schweredruck 5
Schwingungen 2
Schwingungsdauer 2
Siedetemperatur 17, 22
Stromkreis 9, 10
Strommessgeräte 10, 19
Spannung 8, 9, 10
Spannungsmessgeräte 10, 19
Spezifische Verdampfungsenergie 7
Spezifische Wärmekapazität 7
Spezifischer Widerstand 8
Strahlenschutz 11
Stromstärke 8, 9, 10

Teilspannungen im Stromkreis 10
Temperaturänderung 6
Temperaturdifferenz 7
Thermisch übertragene Energie 7

Unverzweigter Stromkreis 9

Verdampfungsenergie 7
Verzweigter Stromkreis 9
Volumen 2
Volumenarbeit 7
Volumenänderung 6, 7
Volumenausdehnungskoeffizient 6
Vorsatzzeichen 12

Wärme 7	Wirkungsgrad 4	Zerfallsreihen 20
Wärmekapazität, spezifische 7		zugeführte Arbeit 4
Widerstand 8, 9, 10	Zerfallsart 20	Zustandsgleichung idealer Gase 6
Widerstandsgesetz 8	Zerfallsgesetz 11	